IDIR LÚIBÍNÍ

IDIR LÚIBÍNÍ

Aistí ar an Léitheoireacht
agus ar an Litearthacht

In eagar ag

Róisín Ní Mhianáin

COIS LIFE
BAILE ÁTHA CLIATH
2003

An chéad chló 2003

Cóipcheart © Na hÚdair 2003
Foilsithe ag Cois Life Teoranta

ISBN 1 901176 38 X

Tá Cois Life buíoch de Bhord na Leabhar Gaeilge agus den Chomhairle Ealaíon as a gcúnamh.

Clúdach: Eoin Stephens
Íomhá an chlúdaigh: Lúibín © Seán Ó Flaithearta

Leagan amach: Róisín Ní Mhianáin
Clóbhualadh: Betaprint

CLÁR

CLÁR NA NGRIANGHRAF

do mo mháthair, Róis

Réamhrá

Róisín Ní Mhianáin

Tá Róisín Ní Mhianáin ina hEagarthóir Sinsearach Litríochta agus Ceoil le Cló Iar-Chonnachta ó 1999, agus tá sí freagrach as foilseacháin an chomhlachta sin idir leabhair, dhlúthdhioscaí agus chaiséid. I measc na leabhar atá curtha in eagar aici tá scéal saoil Uachtarán na hÉireann, Máire Mhic Ghiolla Íosa: Beathaisnéis, *le Ray Mac Mánais (2003). I ndiaidh di céim le Fraincis agus le Gaeilge a bhaint amach ó Ollscoil Uladh, Cúil Raithin, chaith sí dhá bhliain sa Fhrainc ag léachtóireacht in Université Rennes II na Briotáine, agus sealanna ina dhiaidh sin le TMI agus le Europus i gConamara i mbun aistriúcháin agus fotheidealaithe.*

D'eagraigh Róisín Fleá Leabhar agus Léitheoireachta agus Siompóisiam faoin Léitheoireacht ar an Spidéal i gContae na Gaillimhe i mí an Mhárta 2002. Is iad imeachtaí an tSiompóisiam sin atá á bhfoilsiú sa leabhar seo.

AN LÉITHEOIREACHT

Is í an léitheoireacht scáthán na scríbhneoireachta. Scáthán ar mhachnamh na scríbhneoirí ar chora an tsaoil agus na fealsúnachta; scáthán a mhúnlaíonn scríbhneoirí úra, a chothaíonn friotail agus stíleanna úra scríbhneoireachta; an scáthán as a mbrúchtann tobar na critice, dlúthchuid d'fhorbairt agus de chlaochlú leanúnach na litríochta.

MARGADH NA LÉITHEOIREACHTA

I bhfianaise lagbhrí na léitheoireachta i gcás na Gaeilge ag tús na mílaoise úire, tá súil agam gur tuar dóchais é foilsiú an leabhair seo agus deis á tapú den chéad uair cúrsaí léitheoireachta agus litearthachta i nGaeilge a scrúdú. Is cor dúshlánach é fosta go raibh sé de mhisneach againne, foilsitheoirí, ár n-imní faoina laghad léitheoireachta atáthar a dhéanamh ar shaothar na scríbhneoirí faoinár gcúram a chur os ard. Is fada cúrsaí scríbhneoireachta agus litríochta á bplé ach seo faill anois againn cuid den ghrinneas taighde chéanna sin a riar ar ealaín na léitheoireachta féin. Tá an uain tagtha an chóir chéanna a chur ar léitheoireacht agus ar léitheoirí na Gaeilge agus atá á cur ar a gcuid teangacha siúd ag tíortha eile na hEorpa, áit a bhfuil borradh faoin ábhar seo, ó bhlianta deiridh an chéid seo a chuaigh thart go háirithe, agus an bhéim ar chúrsaí litearthachta agus léitheoireachta in éineacht.

Teirce na litríochta, nó na bhfoilseachán taighde, atá i gcló faoi chúrsaí léitheoireachta a spreag mé le Siompóisiam faoin Léitheoireacht, an ócáid as ar eascair léachtaí an leabhair seo, a eagrú ar an Spidéal ar 8-9 Márta 2002 (féach Aguisín I). Thug mé suntas don bhearna sin san ábhar agus mé i mbun léirbhreithniú litríochta a chur le chéile do mo thráchtas ar thaighde margaíochta faoi chothú nós na léitheoireachta faoi chúram FIONTAR, Ollscoil Chathair Bhaile Átha Cliath, ar scoláireacht ó Bhord na Leabhar Gaeilge.

Is é an bealach a mholtar do lucht taighde margaíochta dul i mbun oibre ná ceist a chur orthu féin cad é a tharlódh dá gcuirfí na príomh-rannpháirtithe i seomra le chéile. Mar a tharla, sin an rud a rinneadh sa Siompóisiam faoin Léitheoireacht. Den chéad uair le cuimhne na bhfoilsitheoirí agus bhaill na hearnála, cuireadh fóram ar fáil inar tugadh aghaidh go hoscailte ar na fadhbanna a bhaineann leis an ghanntanas léitheoirí Gaeilge atá ann, agus ar na deacrachtaí litearthachta a mheastar a bheith ar cheann de na cúiseanna atá leo sin. Tá imeachtaí an tSiompóisiam sin á mbuanú anois trína bhfoilsiú idir chlúdaigh an leabhair seo.

Déantar iarracht sa leabhar míniú a thabhairt ar ghnéithe éagsúla de na deacrachtaí léitheoireachta agus litearthachta is cúis leis an mhargadh léitheoireachta a bheith in ísle brí mar atá. Glactar leis sa leabhar go mbeadh cothú na léitheoireachta sa phobal mar bhunstraitéis fhadtéarmach riachtanach d'aon fheachtas margaíochta a chuirfí ar bun le leabhair Ghaeilge a chur chun cinn.

FOILSITHEOIRÍ NA GAEILGE AGUS AN MHARGAÍOCHT

Tá baint nach beag ag an easpa eolais atá ar fáil faoi leabhair Ghaeilge go ginearálta leis an easpa spéise sa léitheoireacht, de bharr a laghad margaíochta agus poiblíochta a dhéantar ar na táirgí ar bhonn gairmiúil comhtháite. Ní gá dul go muineál ar chor ar bith sa mhargaíocht i gcás na foilsitheoireachta Gaeilge lena fheiceáil nach bhfuil a cuma rómhaith: tá smúit ar na foilsitheoirí atá ar a ndícheall ag cur táirgí d'ardchaighdeán ar fáil ach gan iad sna príomhshiopaí leabhar ainneoin a ndíchill; tá ruamheirg ar na cainéil dáiliúcháin, agus gan ach ionadaí amháin ag an ghníomhaireacht dáileacháin leabhar Gaeilge (ÁIS) ag dul ó cheann ceann ceithre chúige na tíre; tá doicheall ar na siopaí, le brabús de 10% níos mó le déanamh acu ar leabhar Béarla ná mar atá ar leabhar Gaeilge, agus a gcórais scanála ag dearbhú a laghad leabhar Gaeilge a cheannaítear gach mí – cén t-iontas lagmhisneach a bheith ar scríbhneoirí agus méar an mhilleáin á díriú acu ar na foilsitheoirí?

Ní féidir an locht uile go léir a chur ar na foilsitheoirí faoi sin, áfach, nó is ar bhonn deonach atá a bhformhór ag saothrú. Tá struchtúr gnó na foilsitheoireachta Gaeilge iontach cnapánach. Tá gach comhlacht ag dul a bhealach féin, agus níl sé furasta anailís a dhéanamh orthu ó thaobh gnó. Tá gnó na leabhar Gaeilge táirgebhunaithe – glacann comhlachtaí leis go gceannóidh daoine an táirge má tá sé ar ardchaighdeán. Tá cibé beagán láidreachtaí atá ag na comhlachtaí foilsitheoireachta Gaeilge i margadh na leabhar go ginearálta in Éirinn ag brath go hiomlán ar shainscileanna agus ar dhíograis na bainistíochta, go háirithe i gcás na bhfoilsitheoirí páirtaimseartha. As na naoi gcomhlacht foilsitheoireachta Gaeilge i bPoblacht na hÉireann a bhíonn ag foilsiú go rialta gach bliain, níl foireann lánaimseartha ach ag beirt acu; i bhfocail eile, tá níos mó ná dhá dtrian de ghnó rialta foilsitheoireachta leabhar na Gaeilge á dhéanamh tráthnóna i ndiaidh lá crua oibre i bpost freagrach éigin eile. Duine amháin nó beirt atá ag saothrú i bhformhór na gcomhlachtaí sin. Cuireann foilsitheoirí áirithe an líon céanna leabhar i gcló go rialta gach bliain; bíonn comhlachtaí eile ann ag foilsiú leabhar thall is abhus. Is iad lucht stiúrtha na gcomhlachtaí, seachas an margadh, a shocraíonn cad iad na leabhair ar fad atá le foilsiú. Ní hé nach bhfuil an tsaoirse sin barrthábhachtach fosta, ach cá bhfios cén t-athrú a bheadh ar chúrsaí dá ndéanfaí iarracht táirgí margadhbhunaithe a sholáthar; theastódh taighde margaidh le cur ar chumas na bhfoilsitheoirí a leithéid a dhéanamh, ar ndóigh. Tá na comhlachtaí ar fad ag brath ar ÁIS lena gcuid táirgí a dháileadh, agus lena chinntiú go n-ordaíonn siopaí cóipeanna breise de na leabhair. Níl comhlacht foilsitheoireachta Gaeilge ar bith láidir go leor le dul i mbun dianfheachtais mhargaíochta agus phoiblíochta náisiúnta ar a chonlán féin.

NA LEABHAIR A MBÍONN TÓIR ORTHU

Ní hé nach mbíonn tóir ar leabhair áirithe, ar áiseanna foghlama teanga ar nós téacsleabhar agus leabhar gramadaí, go háirithe, treocht sa mhargadh atá fréamhaithe i ré foilsitheoireachta na hAthbheochana, mar a léirítear in aiste Chaoilfhionn Nic Pháidín sa leabhar seo. Bíonn tóir ar leabhair ildaite do pháistí óga fosta. Is iad na dea-leabhair, na saothair litríochta – úrscéalta, gearrscéalta, drámaí agus filíocht – na leabhair is lú a mbíonn tóir orthu. Braitheann díolachán na leabhar sin go hiomlán ar cé acu a chuirfidh léachtóirí díograiseacha ar a gcúrsaí litríochta iad i gcoláistí tríú leibhéal ina bhfuil sé éigeantach ar na mic léinn leabhair an chúrsa a cheannach. Bíonn correisceacht ann thall is abhus, ar ndóigh, ach tig glacadh leis nach ndíolfaidh comhlacht níos mó ná 200-300 cóip de leabhar, de ghnáth, mura bhfuil an leabhar sin ar chúrsa ollscoile éigin.

DEIGHLEÁIN CHAILLTE SA MHARGADH

Níl eolas cinnte ar bith ar fáil faoin phobal bheag léitheoirí atá ann ach deir lucht díolta na leabhar gur daoine atá ar pinsean a bhformhór. Ní fios go díreach an é go bhfuil riachtanais léitheoireachta eile ar fad ag an chuid eile den phobal nó an easpa spéise is cúis leis. Glactar leis i saol na foilsitheoireachta nach mbíonn pobail áirithe ag léamh, pobal na Gaeltachta agus pobal na nGaelscoileanna, mar shampla.

Is cosúil nach bhfuil spéis ag pobal líofa na Gaeltachta sa rogha atá ar fáil. Mar a fheicfear in aistí éagsúla sa leabhar seo, níor cothaíodh nós léitheoireachta ina measc riamh, ach tharla sé cúpla uair le blianta beaga anuas gur díoladh 1000 cóip de leabhair a bhain le pearsana aitheanta Gaeltachta taobh istigh de mhí nó dhó – rud a léiríonn gur féidir a suim sa léitheoireacht a chothú ach ábhar den chineál sin a chur ar fáil. Ach cá mhéad comhlacht a bheadh sásta dul sa seans le leabhair den chineál sin? Tá taighde go leor déanta faoi na fadhbanna léitheoireachta a bhíonn ag páistí le Béarla ag léamh ina dteanga dhúchais agus i nGaeilge, ach is scáfar a laghad taighde atá déanta faoi na deacrachtaí litearthachta agus léitheoireachta leis an Ghaeilge a bhíonn ag cainteoirí dúchais Gaeilge. Chuideodh sé go mór le foilsitheoirí tuilleadh eolais den chineál sin a bheith ar fáil dóibh agus leabhair á gcur in oiriúint acu do mhargadh na Gaeltachta. Tá tábhacht ar leith, dá bhrí sin, leis na léachtaí sa leabhar seo atá ag plé le cúrsaí léitheoireachta sa Ghaeltacht, agus leis na moltaí atá iontu. Ní léir luí ar bith a bheith ag iardhaltaí Gaelscoileanna ar fud na tíre *en masse* leis an léitheoireacht ach oiread, ná aon spéis a bheith acu sa rogha leabhar atá ar fáil.

FIGIÚIRÍ DÍOLACHÁIN

Cibé figiúirí cainteoirí Gaeilge a nochtann daonáireamh i ndiaidh daonáirimh ní ghlacann foilsitheoir ar bith leis gur ionann iad agus figiúirí léitheoirí. Ní fhoilsíonn mórchuid na bhfoilsitheoirí ach 500-600 cóip de leabhar agus is minic stoc de chúpla céad cóip fágtha go fóill acu i ndiaidh cúpla bliain. Níl aon struchtúr sonrach tacaíochta stáit ná eile ann don léitheoireacht. Is iad na foilsitheoirí Gaeilge an t-aon dream atá ag cothú na léitheoireachta trí na leabhair féin a sholáthar. Táthar ag brath ansin ar mhúinteoirí spreagúla, agus ar léachtóirí a bhfuil spéis ar leith acu sa léitheoireacht. Is cinnte go mbeadh oiread tábhachta le cothú na gceithre 'L' – Litearthacht, Léamh, Léitheoireacht agus Litríocht – i bhfeachtas margaíochta leabhar Gaeilge agus a bheadh leis na ceithre 'P' a úsáidtear le táirgí a chur i lár an aonaigh de ghnáth (*i.e. Product, Price, Promotion, Place*).

IDIR LÚIBÍNÍ

Déantar plé ar na hábhair sin uile agus ar neart eile lena gcois sa leabhar seo. Tá an leabhar roinnte ina dhá chuid – baineann Cuid I leis an léitheoireacht agus dírítear i gCuid II ar an litearthacht. Ach, ar ndóigh, is minic nach dtig an dá ábhar sin a scaradh ó chéile, ná go deimhin ó chúrsaí foilsitheoireachta agus margaíochta.

Sa chéad pháipéar, le Tina Hickey agus Pól Ó Cainín, pléitear a thábhachtaí atá sé soláthar maith leabhar a bheith ar fáil do pháistí óga ar scoil, agus amharctar ar straitéisí éagsúla a thig a úsáid leis an léitheoireacht a chothú san aoisghrúpa sin. Sa dara páipéar, ó pheann Joe Steve Uí Neachtain, faighimid a dhearcadh agus a mhíniú siúd ar a laghad léitheoireachta atáthar a dhéanamh, sa Ghaeltacht go háirithe. Roinneann Dónall P. Ó Baoill a chuid saineolais linn ansin faoi na cúiseanna stairiúla agus sóisialta nach bhfuil bláth ceart ar an léitheoireacht i measc cainteoirí dúchais Gaeltachta. I gcomhthéacs na foilsitheoireachta atá Colmán Ó Raghallaigh ag ríomh líon na léitheoirí agus caitheann sé súil éadmhar ar struchtúr gairmiúil éifeachtach Chomhairle Leabhar na Breataine Bige agus molann a leithéid a chur ar bun in Éirinn ar mhaithe leis an léitheoireacht, agus cúrsaí foilsitheoireachta go ginearálta, a chur chun cinn. Ar dhéagóirí agus ar na nósanna léitheoireachta s'acusan a dhírítear sa dá léacht deiridh i gCuid I. Tráchtann Seosamh Ó Murchú, mar fhoilsitheoir, ar a dheacra atá sé litríocht do dhéagóirí a shainiú. Molann sé cúl a thabhairt don stíl theagascach a bhfuil formhór na leabhar sa réimse seo sáinnithe inti, agus an rogha ábhair a chuirtear ar fáil dóibh a fhairsingiú as éadan. Insíonn Máire Denvir dúinn gur fada déagóirí na Gaeltachta ag titim i lionn dubh leadráin ina gcuid ranganna, a gcumas cinn agus a saibhreas dúchais teanga á gciorrú ag áiseanna léitheoireachta atá dírithe go sonrach ar fhoghlaimeoirí teanga sa Ghalltacht. Fiafraítear de na déagóirí féin cad é atá de dhíobháil orthu, a deir sí, agus cuireann sí a muinín sa Chomhairle Um Oideachas Gaeltachta agus Gaelscolaíochta leis an taoide a thiontú.

Sa dara cuid den leabhar cuireann Caoilfhionn Nic Pháidín ceann ar an phlé faoi chúrsaí litearthachta lena hanailís ar chás na litearthachta Gaeilge sa phobal ó thús an chéid seo caite. Déanann sí scansáil fosta ar chuid de na himpleachtaí don fhoilsitheoireacht a bheas ag an bhearna atá ag síormhéadú idir an chaint bheo agus an focal scríofa. Déanann Gabrielle Nig Uidhir cur síos ar uirlis mheasúnaithe atáthar a fhorbairt do pháistí óga Gaeltachta agus Gaelscoileanna le deacrachtaí litearthachta Gaeilge a aimsiú go hiontach luath i saol léitheoireachta na bpáistí. Déanann Tadhg Ó hIfearnáin anailís ar thorthaí taighde faoin litearthacht sa phobal a rinneadh i Múscraí idir 2000 agus 2002, an taighde is cuimsithí atá déanta ar an litearthacht i bpobal Gaeltachta go dtí seo. I léacht deiridh an leabhair déanann Nóirín Ní Ghrádaigh cur síos ar an obair atá ar bun ag *Breacadh*, an acmhainn oideachais do dhaoine fásta sa Ghaeltacht, gníomhaireacht Stáit a bunaíodh le hiarracht a dhéanamh leigheas éigin a fháil ar an ghéarchéim bhunlitearthachta sa phobal atá á léiriú ag figiúirí an ECFE (An Eagraíocht um Chomhar agus Fhorbairt Eacnamaíochta) le blianta beaga anuas.

Tá lón machnaimh do chách in aistí an leabhair seo. Is mór an fairsingiú é ar ár léargas ar staid reatha na léitheoireachta agus na litearthachta Gaeilge; agus ar an dlúthcheangal atá ag na hábhair sin le saol na foilsitheoireachta. Cuidíonn siad linn an léitheoireacht agus an litearthacht a shuí i gcomhthéacs na foilsitheoireachta, na margaíochta, na múinteoireachta agus na scríbhneoireachta féin. Chomh maith leis sin, ar ndóigh, bainfidh scríbhneoirí, múinteoirí, foilsitheoirí agus léachtóirí tairbhe astu. Tá go leor leor ábhar sa leabhar seo ar gá tuilleadh taighde a dhéanamh orthu i réimsí an ghnó, na margaíochta agus léann an oideachais do mhic léinn a mbeadh spéis acu ina leithéid.

Baineann na hAguisíní ag cúl an leabhair leis an Fhleá Leabhar agus Léitheoireachta agus leis an Siompóisiam faoin Léitheoireacht. Déantar cur síos achomair in Aguisín I ar imeachtaí na Fleá agus an tSiompóisiam sin. Beidh sin úsáideach ag múinteoirí nó ag dreamanna a bheadh ag smaoineamh ar a leithéid a eagrú amach anseo. In Aguisín II tugtar tuairisc ar thorthaí na gceardlann do dhéagóirí a reáchtáladh le linn an tSiompóisiam. Más fíor do na déagóirí a bhí i láthair, is é soláthar leabhar grinn i nGaeilge shaibhir na Gaeltachta a leigheasfadh gach galar gearáin faoina laghad léitheoireachta a dhéanann siad. Tá grianghraif ón Fhleá Leabhar agus Léitheoireachta sa chuid deiridh sin den leabhar chomh maith.

BUÍOCHAS

Tá comaoin curtha ag údair aistí an leabhair seo, agus ag na foilsitheoirí, Cois Life, ar léann na teanga. Guím go nginfidh an leabhar seo rabharta díospóireachta agus taighde, agus gur fearrde scríbhneoirí agus scríbhneoireacht na Gaeilge é a bheith i gcló.

Ba mhaith liom mo bhuíochas a chur in iúl do na húdair as a gcuid taighde agus a gcuid tuairimí a roinnt linn. Tá mé go mór faoi chomaoin ag na foilsitheoirí, Caoilfhionn Nic Pháidín agus ag Seán Ó Cearnaigh, as a gcomhairle fhial agus a ngairmiúlacht. Mo bhuíochas leosan agus le Pádraig Ó Mianáin a léigh dréachtaí de na haistí agus le hEoin Stephens a dhear clúdach an leabhair.

Mar fhocal scoir, tréaslaím arís le hurraí na Fleá Leabhar agus Léitheoireachta 2002 a léirigh a muinín san ócáid spreagúil sin. Ba iad sin: Foras na Gaeilge, Údarás na Gaeltachta/An Chomhairle Ealaíon, Iontaobhas Ultach, Áras na Scríbhneoirí agus FIONTAR, Ollscoil Chathair Bhaile Átha Cliath.

Mé féin amháin is ciontaí le lochtanna ar bith atá ar an leabhar seo.

Róisín Ní Mhianáin
8 Márta 2003

CUID 1: LÉITHEOIREACHT

1

Léitheoirí Óga na Gaeilge
Cothú agus Cabhair

Tina Hickey agus Pól Ó Cainín

Taighdeoir de chuid Institiúid Teangeolaíochta Éireann í an Dr Tina Hickey. Tá Máistreacht sa tSíceolaíocht agus Dochtúireacht sa tSíctheangeolaíocht aici. Díríonn sí ar shealbhú na chéad agus an dara teanga, ar léitheoireacht na Gaeilge, ar na naíonraí agus an tumoideachas, agus ar an dátheangachas. Tá réimse leabhar agus alt foilsithe aici ar na hábhair sin. Tá suim faoi leith aici i litríocht do pháistí, agus is iarmholtóir í ar Ghradam Leabhar Páistí Chumann Léitheoireachta na hÉireann, ar Ghradam Leabhar Bisto, agus ar Chomórtas Scríbhneoireachta na bPáistí ag MacDonalds. Is ball í de choiste Chumann Léitheoireachta na hÉireann.

 Faoi láthair tá an Dr Pól Ó Cainín ag obair mar chúntóir taighde i Roinn na Síctheangeolaíochta in Institiúid Teangeolaíochta Éireann mar a bhfuil taighde á dhéanamh aige ar na naíonraí agus ar an léitheoireacht. Bhí sé ina chúntóir taighde ar feadh bliana in Ollscoil Uladh (Baile Iurdáin) ag déanamh staidéir ar Ghaeilge páistí bunscoile i mBéal Feirste. Bhain sé céim agus dochtúireacht (An Greann i Litríocht na Gaeilge sa 17ú agus san 18ú haois) amach in Ollscoil Uladh. Bhí sé ina bhall d'fhoireann an Collins Gem Irish Dictionary.*

RÉAMHRÁ

Tá trí shórt léitheoirí Gaeilge, ar a laghad, i measc pháistí na tíre seo:

1. Cainteoirí dúchais;
2. Daltaí tumoideachais agus Béarlóirí sa Ghaeltacht;
3. Foghlaimeoirí Gaeilge i ngnáthscoileanna sa Ghalltacht.

Níl dóthain leabhar oiriúnach ar fáil do na léitheoirí sin, agus tá fadhbanna ag baint le húsáid na leabhar Gaeilge atá ar fáil. Mar shampla, bíonn na leabhair chéanna ag iarraidh freastal ar chainteoirí dúchais agus ar fhoghlaimeoirí teanga ag aoiseanna éagsúla, le cumais éagsúla teanga agus cumais éagsúla léitheoireachta. Bíonn fadhb eile ag daltaí i nGaelscoileanna agus sna scoileanna Gaeltachta nuair a bhíonn bearna idir an cumas teanga atá acu agus an leibhéal deacrachta sna téacsleabhair a bhaineann le hábhair eile seachas an Ghaeilge.

Tosaíonn formhór pháistí na tíre ar léamh na Gaeilge mar dhara teanga i scoileanna ina bhfuil an Béarla mar mheán teagaisc. I measc na bpáistí sin bíonn bearna mhór idir a gcumas teanga agus na hábhair ina gcuireann siad suim. Laghdaíonn an bhearna sin tar éis tamaill i measc páistí Gaelscoile, ach fós féin feictear nach mbíonn ach inspreagadh íseal acu scíthléitheoireacht a dhéanamh sa Ghaeilge. Tá litríocht an-leathan taighde dírithe ar an léitheoireacht sa dara teanga chun cabhrú le foghlaimeoirí na fadhbanna a bhaineann léi a shárú. San alt seo díreofar ar na cúiseanna ar mhaith linn go mbeadh páistí in ann léamh sa Ghaeilge, agus na haidhmeanna a bhaineann leis an léamh sin. Mar a phléigh Harris *et al.* ní bheadh sé ciallmhar a bheith ag súil go léifeadh páistí i nGaeilge díreach ar mhaithe le bheith ag léamh, nuair a ghlactar leis go léann siad ina gcéad teanga chun taitneamh agus tairbhe a bhaint as. Is ionann an cás maidir leis an léitheoireacht sa dara teanga agus sa chéad teanga: ní leor scileanna léitheoireachta iontu féin mura bhfuil fonn ar pháistí léamh go rialta as a stuaim féin.

NA FADHBANNA A BHAINEANN LE LÉAMH NA GAEILGE

Seo achoimre ar na fadhbanna a bhíonn ag páistí maidir le léamh na Gaeilge:

- *Fadhbanna léitheoireachta*
  Cainteoirí dúchais agus foghlaimeoirí na teanga:

  Díchódú mí-éifeachtach, mar sh. trasid *(tsráid)*, thóik *(thug)*;
  Ionchódú fóneolaíoch i bhfuaimeanna an Bhéarla, mar sh.
  Ann *(ann)*, said *(siad)*, fetch *(féach)*, Auntie *(Antaine)*, beg *(beag)*
  (samplaí ó Hickey, 1992);

  Aithint mhall focal → léitheoireacht níos moille → tuiscint lag.

- *Fadhb teanga*
  Cainteoirí dúchais: canúint vs caighdeán agus caolú cumais sa Ghaeilge;

26

Foghlaimeoirí: cumas agus foclóir teoranta → is minic a dhíchódaítear focal nach bhfuil ann ach go bhfuil sé cosúil leis an gceann ceart, rud a chuireann isteach ar chiall: mar shampla, múinteoir *(muintir),* cur *(chrú),* tháinig *(Thiarnán),* t-arán *(tharraing).*

- *Fadhb acmhainní / áiseanna*: soláthar srianta de leabhair oiriúnacha;

- *Fadhb dearcaidh*:
  Inspreagadh íseal le leabhair Ghaeilge a léamh,[1] → minicíocht íseal léitheoireachta sa dara teanga → léamh níos moille → tuiscint lag.

- *Fadhb tacaíochta*:
  Cainteoirí dúchais: i dteaghlaigh ina bhfuil nós léamh na Gaeilge lag go leor;
  Foghlaimeoirí: cumas lag na dtuismitheoirí sa Ghaeilge.

San alt seo tagrófar don taighde a bhaineann le léitheoireacht sa dara teanga, ach baineann na tuairimí faoi conas cur leis an inspreagadh chun léamh níos minice i nGaeilge le cainteoirí dúchais chomh maith.

AN FIÚ PÁISTÍ A MHEALLADH CHUN LÉAMH I NGAEILGE?

Glactar leis anois sa litríocht faoi shealbhú teanga go bhfuil ról tábhachtach ag an léitheoireacht sa phróiseas foghlama, seachas díreach ról tánaisteach chun tacú leis an teanga labhartha. Tá litríocht sách mór ann[2] a chruthaíonn go bhfuil buntáistí suntasacha ag baint le léitheoireacht sa dara teanga. Bunaithe ar an taighde sin,[3] is féidir a rá go gcothaíonn léitheoireacht rialta sa Ghaeilge:

- Feabhas ar aithint focal agus ar scileanna díchódaithe;
- Foclóir níos leithne;
- Scileanna labhartha níos fearr;
- Tuiscint an dara teanga;
- Inspreagadh chun sealbhú na Gaeilge a thapú.

Sa Churaclam Athbhreithnithe aithnítear gur cuid lárnach de phróiseas foghlama teanga í an léitheoireacht, mar a fheicfear thíos.

AN CURACLAM ATHBHREITHNITHE AGUS LÉITHEOIREACHT NA GAEILGE

Tá sé ar cheann de phríomhaidhmeanna an Churaclaim Athbhreithnithe 'éisteacht, labhairt, léitheoireacht agus scríobh [na Gaeilge] a fhorbairt ar bhealach comhtháite'.[4] Glactar leis gur ar son pléisiúir agus chun eolas a bhailiú a chleachtaímid an léitheoireacht. Luaitear gurb iad na príomhfháthanna a léann páistí as Gaeilge ná chun tacaíocht a fháil dá scileanna eile, i gcomhair pléisiúir, chun eolas a bhailiú, agus mar léitheoireacht fheidhmiúil. Mar sin, cuirtear béim ar thaitneamh agus ar thairbhe a bhaint as léitheoireacht na Gaeilge agus moltar gur gá dearcadh dearfach ina leith a spreagadh. Molann na *Treoirlínte do Mhúinteoirí* réimse leathan leabhar agus téacsanna a úsáid le páistí: leabhair a bhfuil pictiúir iontu, póstaeir, greannáin, cluichí meaitseála, lipéid, cartúin, crosfhocail, dánta, agallaimh, scripteanna drámaí agus ábhar neamhfhicsin.

Moltar ag an gcéim réamhléitheoireachta scileanna éisteachta agus labhartha na bpáistí a threisiú trí scéalta a léamh os ard dóibh go minic, nó taifeadadh de scéal a úsáid, agus an bhéim a bheith ar cheol agus ar rithim na cainte sna scéalta agus sna rainn a chloiseann siad agus sna cluichí a imríonn siad. Deirtear gur cheart cabhrú leis na páistí ábhar an scéil a thomhas, agus leideanna (sna pictiúir, óna gcuid eolais ghinearálta) a úsáid. Nuair atá na páistí ag tosú ar léamh na Gaeilge, moltar an ceangal idir litreacha agus fuaimeanna na Gaeilge a shoiléiriú dóibh ón tús, agus bunscileanna na léitheoireachta a fhorbairt go córasach. Sna meánranganna agus sna hardranganna leagtar an bhéim ar fhoscileanna léitheoireachta a fhorbairt, mar shampla, 'súil thapa' (chun ciall ghinearálta a thuiscint), spléachadh (eolas a lorg go tapa), léitheoireacht leathan (brí ghinearálta gan gach focal a thuiscint) agus grinnléitheoireacht (mionscrúdú ar théacs).

Meabhraítear go gcabhraíonn 'an léitheoireacht chiúin aonair le forbairt na bhfoscileanna agus le dúil sa léitheoireacht a chothú'.[5] Luann na Treoirlínte go gcuireann an léamh lochtach os ard a chloiseann páistí óna chéile isteach ar rithim na cainte agus ar an tuiscint. Moltar gur fiú téipeanna de leabhair thaifeadta a chur i gcúinne na leabhar sa seomra ranga, agus gur féidir téipeanna a úsáid le grúpa más féidir cúpla cluasán a cheangal leis an taifeadán céanna.

CONAS IS FÉIDIR DALTAÍ A MHEALLADH CHUN GAEILGE A LÉAMH NÍOS MINICE?

Is é an dalta is minice a léann is fearr a léann, is fearr a thuigeann cad a léann sé, is mó a bhaineann taitneamh as, agus is mó a léann – 'fáinne óir' nó 'ciorcal suáilceach' mar a thugann Nuttall air. Ach tá sé cruthaithe ar fud an domhain nach léann páistí sa dara teanga as a stuaim féin go minic; agus deir múinteoirí na hÉireann nach léann cainteoirí dúchais sách minic i nGaeilge ach oiread. Chun dul i ngleic leis an easpa inspreagtha seo, ceaptar gur gá díriú ar an aidhm fhadtéarmach, is é sin léitheoirí cumasacha a chothú, ní amháin go mbeidís in ann léamh sa Ghaeilge ach go dteastódh uathu léamh inti, in ionad díriú go hiomlán ar na haidhmeanna gearrthéarmacha a bhaineann le múineadh na mbunscileanna.

I múineadh léitheoireacht an Bhéarla glactar leis nach féidir páistí a mhealladh chun léamh go minic más ag brath go hiomlán ar na téacsleabhair chéimnithe atá an múineadh. Ach is minic a bhraitear go hiomlán ar théacsleabhair Ghaeilge chun léitheoireacht na Gaeilge a chothú. Tá na prionsabail sa Churaclam Athbhreithnithe dírithe ar chur leis an méid léitheoireachta a dhéantar i nGaeilge, trí scéalta a léamh do na bunranganna go rialta, trí réimse leathan leabhar a úsáid, agus trí na straitéisí réamhléitheoireachta agus iarléitheoireachta a chuireann an bhéim ar an tuiscint a mhúineadh. Conas is féidir na deacrachtaí a shárú chun páistí scoile a mhealladh le bheith ag léamh i nGaeilge níos minice?

TUILTE LEABHAR AGUS LÉITHEOIREACHT LEATHAN

Tá fianaise ann gur oibrigh straitéis amháin a mheall daltaí chun léamh níos minice.[6] Ba í sin na 'Tuilte Leabhar' a triaileadh in áiteanna éagsúla le 20 bliain anuas. Is éard a bhíonn i gceist de ghnáth le Tuile Leabhar bailiúchán leabhar sa dara teanga a chur ar fáil do rang (páistí ó shé bliana ar aghaidh) agus iad a mhealladh chun na leabhair a léamh sa rang agus sa bhaile. Sna Tuilte Leabhar a scrúdaigh Elley (1991) taispeánadh gur tháinig feabhas suntasach ar an inspreagadh chun léamh sa dara teanga, ar aithint focal agus scileanna labhartha, ar fhoclóir agus ar chomhréir an dara teanga. Deir lucht na dTuilte

Leabhar go sealbhaíonn páistí foclóir nua sa chomhthéacs ceart, agus go gcabhraíonn Modh na Leabhar Roinnte leo teacht ar straitéisí chun déileáil le focail agus le struchtúir nua. Cuirtear leabhair sa Tuile má tá leibhéal deacrachta iontu atá oiriúnach, a bheag nó a mhór, agus má mheastar go gcuirfidh an t-aoisghrúpa áirithe sin suim iontu.

Úsáidtear an téarma 'Léitheoireacht Leathan' chomh maith do scéimeanna a chuireann béim mhór ar an-chuid léitheoireachta sa dara teanga. Ach sa Léitheoireacht Leathan déantar iarracht níos mó smachta a choimeád ar an leibhéal deacrachta trí bhailiúcháin leathana de leabhair chéimnithe agus trí scéimeanna léitheoireachta a úsáid. Chruthaigh roinnt mhaith staidéar[7] go gcabhraíonn an léitheoireacht leathan le dul chun cinn suntasach i dtuiscint léitheoireachta, i dtuiscint scríofa agus i bhfoclóir an pháiste. Leagtar béim tríthi ar ábhar simplithe a léamh go neamhspleách, ionas go mbeidh daltaí in ann léamh go compordach agus gan frustrachas, agus go léifidh siad go minic, dá bhrí sin.

AG DÍRIÚ AR NA FADHBANNA

Conas is féidir an t-eolas seo a chur chun leas léitheoireacht na Gaeilge? Moltar straitéisí thíos maidir le múineadh scileanna díchódaithe, soláthar múnlaí maithe, conas teacht ar leabhair oiriúnacha agus ar leabhair thaifeadta agus úsáid a bhaint astu, agus maidir le cabhrú le tuismitheoirí tacú leis an léitheoireacht.

DÍCHÓDÚ AGUS LÉAMH NA GAEILGE

Chun dul i ngleic leis na fadhbanna díchódaithe a léiríonn páistí, moltar na póstaeir agus na cleachtaí sa Scéim Foghraíochta a d'fhoilsigh Muintearas a úsáid. Chabhródh sé dá leathnófaí na hábhair

31

seo chun déileáil leis na cnuaschonsain mar *ts-*, *mbr-*, *tsr-*, *bhf-*, mar bíonn fadhbanna faoi leith ag daltaí leis na grúpaí seo. Dá bhféadfaí cur lena gcumas díchódaithe d'fhágfadh sin níos mó ama agus spáis chun díriú ar thuiscint na bhfocal.

DEA-SHAMPLAÍ DEN LÉAMH OS ARD

Má chuirtear béim sa rang ar pháistí ag léamh os ard go mall agus go neamhlíofa, ní chothófar spéis ná straitéisí léitheoireachta a chabhróidh le daltaí ciall a bhaint as an téacs. Ceaptar gur cabhair é an múinteoir a bheith ag léamh os ard le dea-nósanna a bhíonn ag léitheoirí éifeachtacha a chothú. Cruthaíodh[8] go raibh scileanna tuisceana agus cumarsáide níos fearr ag na páistí (ó sheacht mbliana d'aois ar aghaidh) a chuala a múinteoir ag léamh os ard leo gach lá ar feadh 20-30 nóiméad ar feadh tréimhse 3 mhí. Mar sin, is léir gur fiú go mór an múinteoir a bheith ag léamh os ard i ngach rang, mar cothaíonn sé scileanna teanga níos fearr agus dearcadh níos dearfaí. Pléitear bealaí eile chun samplaí maithe den léamh a sholáthar níos déanaí san alt seo.

AN TEACHT AG PÁISTÍ AR LEABHAIR GHAEILGE

Tá an teacht ar leabhair thar a bheith tábhachtach i gcothú na léitheoireachta. Thaispeáin staidéar idirnáisiúnta ar an léitheoireacht sa mháthairtheanga (Elley, 1992) go bhfuil tionchar suntasach ag an teacht ar leabhair ar an dul chun cinn a dhéantar sa léitheoireacht. Tá nasc idir líon na leabhar atá ar fáil sa scoil agus an dul chun cinn sa léitheoireacht sa scoil sin.[9] Ní aon áibhéil a rá, mar sin, go mbeadh tionchar ag an teacht ar leabhair Ghaeilge i scoil ar an gcaighdeán léitheoireachta i nGaeilge inti chomh maith.

Ach is deacair faoi láthair teacht ar dhóthain 'fíorleabhar' i nGaeilge (leabhair nach téacsleabhair léitheoireachta iad) chun Tuile Leabhar mór a eagrú, mura n-úsáidtear leabhair ghrádaithe chomh maith. Is léir gur gá leabhair a fhorbairt bunaithe ar thaighde ar an teanga a úsáideann foghlaimeoirí óga, mar a tharla sa Bhreatain Bheag (Ogwen). B'fhiú go mór breis sraitheanna fíorleabhar[10] a ullmhú do ranganna éagsúla a bheadh ar aon leibhéal ó thaobh deacrachta de, ionas go mbeadh páistí in ann cleachtadh a fháil agus go mbraithfidís go mbeadh dul chun cinn déanta acu nuair a rachaidís ar aghaidh chuig an chéad leabhar eile sa tsraith. Moltar an bhéim a chur ar chleachtadh taitneamhach a sholáthar a spreagann páistí chun leanúint orthu ag léamh, in ionad na leabhair seo a úsáid chun ceachtanna teanga faoi leith a mhúineadh nó mar théacsleabhair léitheoireachta. Is breá le léitheoirí sna meánranganna léamh faoi na carachtair chéanna nó faoin suíomh céanna, mar is léir ó leithéidí *Animal Ark, Famous Five* agus *Secret Seven* i mBéarla. Meallann na sraitheanna sin léitheoirí drogallacha toisc gur féidir leo brath ar rudaí áirithe i ngach leabhar nua, rud a thugann tacaíocht agus misneach dóibh. Ba mhór an dul chun cinn é sraith eachtraíochta nó mistéire a fhorbairt a bheadh simplí go leor le bheith tarraingteach do na meánranganna agus do na ranganna sinsearacha.

B'fhiú leabhair eile a fhorbairt a bheadh bunaithe ar chláir TG4. Dá bhféadfadh páistí féachaint ar chartúin ar scoil agus ansin greannán a léamh faoin gclár céanna, chabhródh sin go mór le scileanna éisteachta agus léitheoireachta a fheabhsú, agus spreagfadh sé páistí le bheith ag léamh agus le féachaint ar na cláir.

Ní mór cur leis na háiseanna eile atá ar fáil chomh maith, mar shampla, cluichí boird, téipeanna de scéalta agus d'amhráin, agus greannáin shimplí chun tacú leis an gCuraclam Athbhreithnithe. Tá dlúthdhioscaí mar *Drochlá Ruairí* (Fios Feasa) an-mhaith chun cleachtadh a sholáthar mar tugann siad cabhair don léitheoir ó thaobh foghraíochta agus foclóra de. Ní mór tuismitheoirí a chur ar an eolas faoi na háiseanna sin chomh maith, mar tá siad oiriúnach le húsáid sa bhaile má tá an trealamh ar fáil dóibh.

AN FÉIDIR LEAS NÍOS FEARR A BHAINT AS NA LEABHAIR ATÁ AR FÁIL?

Tá leabhair agus áiseanna nua tagtha ar an bhfód le tamall anuas, ach níl eolas ag gach múinteoir fúthu fós. Agus an bhéim sa Churaclam Athbhreithnithe ar thaithí thaitneamhach ar théacsanna Gaeilge, bheadh sé tráthúil deontas faoi leith a thabhairt do scoileanna chun leabhair agus áiseanna eile Gaeilge a cheannach, chun leabharlann de 50 leabhar Gaeilge ar a laghad a sholáthar do gach rang. D'fhéadfadh na leabharlanna ranga seo fíorleabhair móide na leabhair chéimnithe chuí as na sraitheanna éagsúla a bhailiú, chun cur le líon na leabhar a bheadh oiriúnach.

ÚSÁID TÉIPEANNA MAR THACA DO LÉITHEOIREACHT NA GAEILGE

Léirigh Hickey (1991a & b) gur léigh páistí leabhar Gaeilge a raibh téip leis níos minice ná leabhar leis féin, gur fearr an tuiscint a bhí acu, gur líofa a luas léitheoireachta agus gur tháinig feabhas ar a gcruinneas nuair a bhí siad ag léamh os ard ón leabhar a raibh téip leis. I staidéir eile ar leabhair ar téip mar thacaíocht do léitheoireacht sa chéad teanga fuarthas amach go raibh an tionchar dearfach seo acu ar inspreagadh, líofacht agus cruinneas léitheoireachta os ard, agus ar thuiscint.

Rinne Hickey (2001b) staidéar ar úsáid réimse leathan leabhar Gaeilge ar téip, agus ar chur chuige an leabhair ar téip ceangailte le cur chuige na Tuile Leabhar sa dóigh gur cuireadh fíorleabhair ar fáil, agus tacaíocht téipeanna leo.[11] Bhí sé mar aidhm ag an tionscadal seo scrúdú a dhéanamh ar a phraiticiúla a bheadh sé fíorleabhair Ghaeilge agus téipeanna a úsáid le léitheoirí óga i ngnáthscoileanna Galltachta, agus ina dhiaidh sin, scrúdú a dhéanamh ar dhearcadh na bpáistí, a dtuismitheoirí agus a múinteora faoi úsáid leabhar ar téip.

Sa tionscadal píolótach seo bhí 33 páiste, agus iad i Rang 2 i scoil Bhéarla i mBaile Átha Cliath. Ar dtús rinneadh scrúdú ar an réimse leabhar oiriúnach Gaeilge a bhí ar fáil, agus socraíodh go raibh thart faoi 40 pictiúrleabhar ann agus go dtiocfadh iad a ghrádú de réir trí leibhéal deacrachta. Ba é an deacracht ba mhó a bhí ann teacht ar ábhair a bhí oiriúnach do na páistí ba lú cumas; b'éigean roinnt scéalta ó léitheoirí grádaithe luatha a chur leis na leabhair eile don ghrúpa seo.[12] Rinneadh taifeadadh simplí de gach leabhar, agus ba iad guthanna na dtaighdeoirí, an mhúinteora agus cainteoirí eile Gaeilge a bhí le cloisteáil ar na téipeanna ag léamh na scéalta. Ba é an príomhghné a bhain le hullmhú na dtéipeanna seo go raibh luas mall leis an léitheoireacht orthu d'aon turas.

Tugadh téipthaifeadán Walkman do gach páiste. Cuireadh na leabhair ar taispeáint i gcúinne na leabharlainne, agus gach ceann acu i mála plaisteach le zip ina raibh téip i mbosca. Cuireadh seisiúin léitheoireachta leabhar ar bun ceithre mhaidin sa tseachtain a mhair 20-30 nóiméad, agus an múinteoir agus an chéad taighdeoir ag cabhrú le páistí agus iad ag léamh nó ag roghnú leabhair nua. Iarradh ar na páistí leabhair a mhalartú a luaithe a bheadh an scéal léite agus cloiste acu ocht n-uaire agus nuair a chreid siad go mbeidís ábalta an leabhar sin a léamh os ard os comhair duine fásta agus páistí eile. Iarradh ar pháistí, chomh maith, úsáid a bhaint as na leabhair ar téip sa bhaile go rialta mar obair bhaile.

Leagadh béim i gcónaí ar a riachtanaí a bhí sé ar na páistí dua a chur orthu féin chun an téacs a thuiscint, agus pléadh úsáid leideanna pictiúrtha leo leis an scéal a thomhas ag tús na seisiún. Bhí cuid de na páistí, áfach, a bhí go hiomlán in aghaidh tomhas i gcomhthéacs mar mhodh oibre, ós rud é nach minic a bhíonn moladh ag dul le tomhas. Chun léitheoirí níos neamhspleáiche a dhéanamh de na páistí ní mór plé leanúnach a dhéanamh leo sa réimse seo faoin dóigh ar féidir tomhais chiallmhara a dhéanamh bunaithe ar an eolas go léir atá ar fáil, agus monatóireacht a dhéanamh ar cé acu is tomhas ciallmhar atá déanta acu nó nach ea, de réir mar a théann an scéal ar aghaidh.

FREAGRAÍ NA BPÁISTÍ FAOIN NGAEILGE AGUS FAOI LÉITHEOIREACHT NA GAEILGE

Sa suirbhé iarthrialach, d'aontaigh níos mó páistí (72%) leis an ráiteas *'Irish is an important school subject'*, ná mar a d'aontaigh sa suirbhé réamhthrialach (52%). Tá sé níos spéisiúla nár easaontaigh ach 10% leis an ráiteas sin sa suirbhé iarthrialach, i gcomparáid le 37% sa suirbhé réamhthrialach. Níor aontaigh ach 10% le *'I don't really try very hard to learn Irish at school'*, i gcomparáid le 20% sa suirbhé réamhthrialach.

Maidir leis na leabhair ar téip, dúirt 71% de na páistí gur thaitin siad leo nuair a tugadh isteach iad, agus bhí dearcadh neodrach ag 8%. Ba shuntasach gurbh iad na léitheoirí ba chumasaí ba mhó a bhain sult as na leabhair ar téip, agus go raibh na páistí a raibh deacrachtaí acu leis an léitheoireacht níos amhrasaí fúthu, cé go ndearna siad dul chun cinn leo.

Chuaigh tosca pearsantachta i bhfeidhm ar bhuanseasmhacht na bpáistí lena leabhair: tugadh faoi deara gur theastaigh ó chuid de na páistí a leabhar a mhalartú go gasta, i ndiaidh dhá sheisiún, agus gur mhian le páistí eile leabhar a choinneáil de bhrí go raibh siad ag iarraidh máistreacht a bheith acu air sular léigh siad os ard os comhair daoine eile é, nó de bhrí gur lú an saothar a bhí orthu leis an seantéacs ná mar a bheadh le ceann nua. Sa suirbhé iarthrialach, dúirt dhá thrian de na páistí go raibh siad ag iarraidh leabhair Ghaeilge a mhalartú níos minice. Is pointe é seo a léiríonn an méadú ar inspreagadh na bpáistí chun na leabhair Ghaeilge ar téip a léamh, agus an tuiscint a bhí acu ar an dul chun cinn a bhí déanta acu agus iad i ndiaidh leabhar amháin Gaeilge a chríochnú agus ceann eile a thosú.

Chreid na páistí go léir, beagnach, gur tháinig feabhas ar a gcuid léitheoireachta sa Ghaeilge sa triail, agus dúirt 61% díobh gurbh fhearr i bhfad a bhí sí anois acu ná a bhí roimh an triail; dúirt 35% eile díobh go raibh sí rud beag níb fhearr. Dúirt 72% de na páistí go raibh a dtuismitheoirí bródúil as an bhfeabhas a tháinig ar a scileanna léitheoireachta. Dúirt an múinteoir go raibh an t-aiseolas ó na tuismitheoirí an-dearfach, agus thug sé féin le fios go raibh sé sásta leis an dul chun cinn suntasach i gcumas léitheoireachta Gaeilge na bpáistí.

CÁ MHÉAD A LÉIGH SIAD?

Choinnigh an múinteoir agus na páistí cuntas ar an méid leabhar a léigh siad, agus bailíodh na sonraí seo ag deireadh 14 seachtaine den scéim. Ó na sonraí ba léir go dtiocfadh an rang a roinnt ina thrí ghrúpa. Léigh beagnach trian den rang (31%) idir 3 agus 8 leabhar sa tréimhse thrialach, léigh 28% idir 8 agus 11 leabhar, agus léigh 41% níos mó ná 12 leabhar.

LÍOFACHT

Cuireadh trialacha léitheoireachta aonair sa Ghaeilge ar 20 páiste sular cuireadh scéim na Tuile Leabhar ar Téip i bhfeidhm agus rinneadh an rud ceannann céanna ag an deireadh chomh maith. Sa triail léitheoireachta bhí orthu sleachta a léamh as téacsanna éagsúla (as léitheoirí grádaithe do ranganna níos óige agus as fíorleabhair). Taifeadadh léitheoireacht na bpáistí agus rinneadh anailís ar a luas agus ar a gcruinneas léitheoireachta. Diomaite de pháiste amháin (a raibh fadhb léitheoireachta aige i mBéarla chomh maith) bhí léitheoireacht na bpáistí uile ar na sleachta sa suirbhé iarthrialach níos líofa, agus bhí feabhas idir 20% agus 70% tagtha ar a luas léitheoireachta. Is é an rud ba shuntasaí a mhoille a bhí luasanna léitheoireachta na bpáistí sa suirbhé réamhthrialach: na páistí ba laige, léigh siad faoi 40 focal sa nóiméad, rud a chuireann ualach an-dian ar an chuimhne ghearrthéarmach a bhaineann le tuiscint. Na páistí a raibh scóir níos airde acu i gcumas na Gaeilge léigh siadsan os ard le luasanna 80 focal sa nóiméad ar meán, agus léigh na páistí ba chumasaí sa rang le luas idir 110-120 focal sa nóiméad.

CRUINNEAS LÉITHEOIREACHTA

Sa suirbhé réamhthrialach bhí páistí áirithe nach raibh in ann ach timpeall 40% de na focail a léamh go cruinn, agus bhí léitheoirí níos fearr ann a léigh 80% díobh go cruinn. Tháinig feabhas ar chruinneas na bpáistí go léir sa suirbhé iarthrialach, ach ba iad na daoine ba laige a rinne an dul chun cinn ba mhó, agus ag deireadh úsáid na Tuile Leabhar ar Téip bhí siad go léir ag léamh na sleachta trialach agus leibhéil chruinnis 80%, ar a laghad, acu. Tá scóir na bpáistí le feiceáil thall (Fig. 1.1).

Ba léir go ndearna na páistí ba laige an dul chun cinn ba mhó, agus go raibh siad in ann na sleachta a léamh go neamhspleách sa suirbhé iarthrialach.

Fig.1.1   Cruinneas sa léitheoireacht os ard

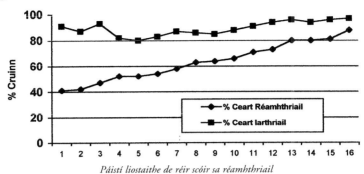

Páistí liostaithe de réir scóir sa réamhthriail

Thug an múinteoir toradh eile faoi deara: gur nádúrtha tuin léitheoireachta na bpáistí uile tar éis dóibh na téipeanna a úsáid ná mar a bhí sí roimhe sin, agus gur chruinne a bhfrásáil, a bhfriotal, agus a ndíchódú chomh maith.   Rinne cuid de na páistí aithris bheoga chruinn ar a leabhar i dtaca leis an bhfrásáil agus leis na fuaimeanna a bhí ar an téip, bhain siad an-sult as an léitheoireacht os ard agus léigh siad go maith agus go bríomhar don rang.

FREAGRAÍ NA DTUISMITHEOIRÍ

Dúirt tuairim is trí cheathrú de na tuismitheoirí gur tháinig feabhas ar dhearcadh a bpáiste faoin Ghaeilge agus faoi léitheoireacht na Gaeilge, agus dúirt tuairim is dhá thrian díobh gur éist siad féin agus a bpáistí, le chéile, leis an téip uair amháin sa tseachtain ar a laghad.[13] Dúirt ceithre chúigiú díobh gurbh éifeachtaí scíthléitheoirí Gaeilge ar téip ná úsáid téacsleabhar ranga leo féin.   Dúirt 80% de na tuismitheoirí go gceannóidís leabhair Ghaeilge ar téip dá mbeidís ar fáil.

CONCLÚID

Ar an iomlán, léirigh an tionscadal seo gur féidir agus gur fiú páistí a mhealladh chun léamh níos minice sa Ghaeilge. Tá na torthaí seo ag teacht leis an taighde ar Léitheoireacht Leathan agus ar Thuilte Leabhar, agus léiríonn siad an leas a bhaineann le leathnú taithí i léitheoireacht na Gaeilge. Cé go bhfuil deacrachtaí praiticiúla ag baint le leabhair oiriúnacha a sholáthar agus téipeanna a chur ar fáil leo, agus le heagrú an tseomra ranga, cuireann na torthaí béim ar a thábhachtaí atá sé a leithéid d'ábhair thacaíochta a sholáthar. Faoi dheireadh, léiríonn freagraí dearfacha na dtuismitheoirí faoin tacaíocht téipe gur seans iontach tábhachtach é seo cabhrú le tuismitheoirí ionas go gcabhróidh siadsan, ar a seal, le léitheoireacht a bpáiste sa Ghaeilge.

Feictear go ndeachaigh na leabhair ar téip i bhfeidhm go mór mór ar na páistí a bhí measartha fabhrach don Ghaeilge ón tús, agus fiú i gcás cuid de na bpáistí a bhí an-diúltach ag an tús, mhaolaigh ar an dearcadh sin sa deireadh. Is léir go gcuidíonn soláthar áiseanna nua don teanga leis an tuiscint atá ag na páistí ar thábhacht an ábhair agus go dtéann sin i bhfeidhm orthu. Ach ní thig le gníomhartha aonair dearcadh diúltach don teanga a athrú, bainidís le dearcadh sa bhaile nó le taithí mhíshásúil ar scoil; mar gheall air seo b'fhéidir gurbh éifeachtaí an Tuile Leabhar ar Téip dá mbeadh cur chuige ann a bhain leis an scoil iomlán, a chuirfeadh béim ar thaithí dhearfach éifeachtach ar an nGaeilge a thabhairt do na páistí, a thabharfadh seans do thuismitheoirí bheith páirteach agus a thabharfadh tacaíocht d'iarrachtaí na dtuismitheoirí cuidiú leis na páistí.

Tabharfaidh an Curaclam Athbhreithnithe spreagadh nua do mhúineadh na Gaeilge. Tá sé tábhachtach go ndéanfaí na moltaí maidir le cothú na léitheoireachta Gaeilge a chur i bhfeidhm ionas gur féidir an ról atá ag an léitheoireacht mar thaca leis an obair labhartha a chur i gcrích. Caithfimid teacht ar mhodhanna múinte agus ar áiseanna a ligfeadh do pháistí breathnú ar léitheoireacht na Gaeilge mar dheis chun taithí thaitneamhach a bhaint as an teanga, le leabhair tharraingteacha agus áiseanna tacaíochta (seachas mar chleachtadh ar dhíchódú nó mar cheachtanna teanga amháin), agus le himeascadh na scileanna labhartha agus na scileanna léitheoireachta. Chuige sin, ní mór leabhair oiriúnacha don léitheoireacht leathan a ullmhú anois i gcomhar le múinteoirí, chomh maith le háiseanna teagaisc ar nós téipeanna, dlúthdhioscaí, cluichí agus cleachtaí, agus ansin infheistíocht a dhéanamh sa mhargaíocht agus sa dáiliúchán ionas go mbainfear an leas is fearr astu. Tá bealaí áirithe inar féidir cabhrú le páistí léamh níos fearr agus níos minice i nGaeilge, agus ní mór dúinn díriú ar na bealaí seo láithreach.

NÓTAÍ

[1] Is fíor seo i gcás na gcainteoirí dúchais chomh maith – féach suirbhé na dtuismitheoirí in Hickey 1997.

[2] Tá léirbhreithniú air seo in Hickey 2001a.

[3] Day & Bamford; Krashen, Elley 1991; Masuhara *et al.*; Hafiz & Tudor.

[4] *Curaclam na Bunscoile: Gaeilge*, 14.

[5] *Curaclam na Bunscoile: Treoirlínte*, 133.

[6] Tugann Hickey 2001a léirbhreithniú ar na Tuilte Leabhar seo.

[7] Mar shampla Caruso, Masuhara *et al*, Walker, Anderson.

[8] Romney *et al.*; Ricketts.

[9] Martin agus Morgan, 93.

[10] Cosúil leis na sraitheanna atá ann cheana, mar shampla *Mo Leabhairín Dearg* agus araile, *An Chircín Rua* agus sraitheanna nua *Bhí Ocras ar Oisín* (An Gúm); *Céim ar Chéim* (An tÁisaonad Lán-Ghaeilge), *Glac Sos* (Cló Uí Bhriain).

[11] Mhaoinigh ITÉ agus an Tionscnamh Náisiúnta Léitheoireachta an staidéar seo.

[12] Thug Comhlacht Oideachais na hÉireann cead roinnt scéalta a ullmhú óna scéimeanna léitheoireachta mar leabhráin leo féin.

[13] Tugann Hickey agus Ó Cainín cur síos ar fhreagraí na dtuismitheoirí agus ar mholtaí an mhúinteora.

FOINSÍ

Anderson, N. (1999). *Exploring second language reading: Issues and strategies.* Bostún.

Caruso, J. (1996). 'The effects of extensive reading on reading comprehension and writing proficiency in foreign language learning', in *Dissertation Abstracts International, A, Humanities and Social Science,* 56, 9, Mar, 3485-A.

Day, R. agus Bamford, J. (1998). *Extensive reading in the second language classroom.* Cambridge.

Elley, W. (1989). 'Vocabulary acquisition from listening to stories', in *Reading Research Quarterly,* 24, 2, 174-187.

—— (1991). 'Acquiring literacy in a second language: The effect of book-based programs', in *Language Learning,* 41, 3, 375-411.

—— (1992). *How in the World Do Children Read?* Nua-Eabhrac.

Hafiz, F. agus Tudor, I. (1990). 'Graded readers as an input medium in L2 learning', in *System,* 18, 1, 31-42.

Harris, J., Ó Néill, P., Uí Dhufaigh, M. agus Ó Súilleabháin, E. (1996). *Cúrsaí Nua Gaeilge na Bunscoile: Moltaí agus Ábhar Samplach. Imleabhar I & II.* Baile Átha Cliath.

Hickey, T. agus Ó Cainín, P. (2003). 'Reading in Irish: Taping Over the Cracks', in Shiel, G., agus U. Ó Dálaigh, (eag.). *Other ways of seeing: Diversity in language and literacy*. Baile Átha Cliath.

Hickey, T. agus Williams, J. (eag.) (1996). *Language, Education and Society in a Changing World.* Clevedon.

Hickey, T. (1991). 'Leisure reading in a second language: An experiment with audio-tapes in Irish', in *Language, Culture and Curriculum,* 4, 2, 119-131.

—— (1992). *Múineadh na Gaeilge sa Bhunscoil: Moltaí Praiticiúla/Teaching Irish in Primary School: Practical Approaches.* Baile Átha Cliath.

—— (1997). *Early immersion education in Ireland: Na naíonraí.* Baile Átha Cliath.

—— (2001a). 'Reading in a second language: Teaching Irish reading', in *Oideas,* 49, 66-84.

—— (2001b). 'Múineadh Léitheoireacht na Gaeilge agus an Curaclam Athbhreithnithe', in *Teangeolas,* 40, 55-65.

—— (2002). 'Teaching Irish reading', in Shiel, G., agus U. Ní Dhálaigh (eag.), *Reading Matters: A Fresh Start.* Baile Átha Cliath.

Krashen, S. (1993). *The power of reading: Insights from the research.* Englewood.

Martin, M. agus Morgan, M. (1994). 'Reading literacy in Irish schools: A comparative analysis', in *The Irish Journal of Education,* 28, Eagrán Speisialta.

Masuhara, H., Kimura, T., Fukada, A. agus Takeuchi, M. (1996). 'Strategy training and/or extensive reading?', in Hickey T., agus J. Williams (eag.), *Language, education and society in a changing world.* Clevedon.

Nuttall, C. (1996). *Teaching reading skills in a foreign language* (Eagrán leasaithe). Londain.

Ogwen, E. (1980). 'Learning to read in a bilingual situation in Wales', in *Journal of Multilingual and Multicultural Development,* 1, 4, 313-320.

Rialtas na hÉireann (1999). *Curaclam na Bunscoile: Gaeilge.* Baile Átha Cliath.

Rialtas na hÉireann (1999). *Gaeilge: Treoirlínte do Mhúinteoirí.* Baile Átha Cliath.

Ricketts, J. (1982). 'The effects of listening to stories on comprehension and reading achievement' in *Direction,* 18, 29-36.

Romney, J., Romney, D. agus Braun, C. (1989). 'The effects of reading aloud to immersion children on second language acquisition', in *Canadian Modern Language Review,* 45, 3, 530-538.

Walker, C. (1997). 'A self access extensive reading project using graded readers (with particular reference to students of English for academic purposes)', in *Reading in a Foreign Language,* 11(1), 121-149.

2

DAR MHIONN AN LEABHAIR

Joe Steve Ó Neachtain

Deir Joe Steve Ó Neachtain go bhfuil an dá shaol feicthe aige ó rugadh é sa Spidéal i 1942. Tá clú agus cáil ar Joe de bharr a shaothair scríbhneoireachta, de bharr an tsraithdhráma Baile an Droichid *(1989-1996) agus de bharr an charachtair atá aige faoi láthair in* Ros na Rún. *Chaith Joe 28 bliain ag obair go lánaimseartha le hÚdarás na Gaeltachta. Tá mórchuid duaiseanna liteartha bainte aige, ina measc, Gradaim Jacob, Gradam Litríochta Chló Iar-Chonnachta (faoi dhó), Duais Sheáin Uí Éigeartaigh agus Duaiseanna Oireachtais.*

Rugadh mise ag tráth den tsaol
    a dtéadh scéal ó bhéal go béal.
Sul má tháinig caint do bhoscaí
    ná a thosaigh daoine ag léamh.

Sin mar a chuir mé tús le dán beag barrúil a thugann léargas daoibh ar an gcineál saoil a bhí i gCois Fharraige le linn m'óigese 'sul má tháinig caint do bhoscaí ná a thosaigh daoine ag léamh'.

I 1942 a rugadh mé agus is dócha go mbeadh sé deacair ag aos óg an lae inniu a shamhlú nach raibh raidió ná teilifís, guthán ná gluaisteán ar an mbaile ag an am. Ní raibh an chumhacht aibhléise i bhfoisceacht cúig bliana déag dúinn. Ba thréitheach an teach a mbíodh buaiceas dúbailte sa lampa acu. Bhí cuid mhaith tithe i dtuilleamaí sholas na gcoinnle agus corrtheach a bhí taobh leis an lasóg ón tslis ghiúsaí a chaití i lár na tine. Ach ar fhaitíos na bhfaitíos go gceapfadh glúin an tsolais gur saol duairc dorcha a bhí againn, deirimse libh gurbh é a mhalairt a bhí fíor. Bhí an acmhainn grinn agus an tráthúlacht cainte chomh saibhir agus chomh taitneamhach is nach cuimhneach liomsa an oiread céanna sásaimh a bhaint as aon chlár grinn teilifíse dá mbaineann leis an nua-aois.

Ach ní hé sin atá mar ábhar cainte san alt seo againn ach cúrsaí léitheoireachta. Tuigfidh sibh ón méid atá ráite agam nárbh í an léitheoireacht an gad ba ghaire don scornach ag formhór mhuintir an cheantair dár díobh mé. Bhí a ndóthain mhór ar a n-aire ag iarraidh greim a choinneáil sa bpota i dtús gann gortach na 1940í, gan an cogadh dearg a chiondáil greim a mbéil ar na daoine ach ag maolú ar éigean, agus scéin an Ghorta Mhóir fós i bhfastó sa bhfochoinsias.

Ba é *Old Moore's Almanac* an leabhar ba thábhachtaí sa teach. Sin é an leabhar a d'fhaigheadh aire mar go mbíodh sé ag tuar na haimsire don bhliain dár gcionn, agus gur ann a mharcáiltí na dátaí ar doireadh na beithígh. Ní cuimhneach liom go dtagadh aon pháipéar nuachta isteach sa teach, Domhnach ná dálach, cé go mbeadh sciob sceab air dá dtiocfadh, lena chur mar chlúdach ar an tseilf a bhí in íochtar an drisiúir nó mar líonáin idir spriongaí na leapan agus an sean*mhattress*.

Chloisinn caint ar shean-Mháirtín Aindriú, duine de sheanfhondúirí an bhaile a bhí básaithe sular rugadh mé. Bhí sé ráite ina thaobh go raibh scríobh agus léamh aige, rud a bhí neamhghnách go maith i measc fhormhór na cosmhuintire ina am. Ní ceal meabhrach ba chionsiocair leis mar nach gcoinneodh rí na méaracán coinneal leo ó thaobh cuimhne cinn agus ábaltachta, ach go raibh siad síorghafa ó dhubh go dubh ag iarraidh slí bheatha a bhaint as talamh, portach agus farraige.

Nach aisteach mar sin, a déarfá leat féin, do pharóiste a bhí chomh gann ar léitheoirí go raibh beirt de na scríbhneoirí is mó le rá i litríocht na Gaeilge mar chomharsana agam, Máirtín Ó Cadhain ar an dara baile soir uaim agus Mícheál Breathnach i gcloigeann thiar an pharóiste. Bhí siadsan ag léamh, mar nach mbíonn mórán rath ar an scríbhneoireacht nó go mbíonn an léitheoireacht déanta ar dtús. Dúirt Ó Cadhain féin gur saothar le duine de scríbhneoirí móra na Rúise a spreag é chun *Cré na Cille* a scríobh. Ar ndóigh, ba scoláirí den chéad scoth iad an bheirt atá luaite agam agus is é nádúr an scoláire bheith santach ag an léitheoireacht.

Ní taobh leis an mbeirt scoláire a bhí paróiste an Chnoic ag an am.

Ar éigean a bhí baile ar bith nár chuir cúpla múinteoir scoile de rath ar an Stát agus ina theannta sin tháinig sagairt, mná rialta, dochtúirí go leor agus roinnt státseirbhíseach amach as a chreatlacha. Bhain na daoine sin ar fad tairbhe iomlán as córas an oideachais agus bhí an léamh mar dhlúth agus mar inneach ag fíochán an chórais sin ina chéile. Ach ní hé sin an cineál léitheoireachta atá ag déanamh imní dom, sin léitheoireacht a chuireann a gceird de dhualgas ar oiread áirithe daoine, daoine a spreag an córas oideachais le tosú ag ceannach agus ag léamh leabhra agus tá mé den bharúil, murach iad, gurb í cuid Pháidín den mheacan den scríbhneoireacht a bheadh á léamh. Sin mianach daoine a bhí agus a bheas ag léamh i gcónaí, ach faraor, mianach nach bhfuil sách líonmhar astu féin chun léitheoireacht na Gaeilge a thabhairt slán ón bhfaraor géar.

Is é an tuiscint atá agamsa gurb é cloch nirt na coda is fearr de na leabhra Gaeilge atá á gcur i gcló faoi láthair ná 1000 cóip a dhíol. Is é sin mura bhfuil siad ar shiollabas oideachais éigin. Is é mo thuiscint freisin gur mhaígh os cionn milliún duine sa tír seo go raibh Gaeilge acu le linn an daonáirimh dheiridh. Fágann sin go bhfuil pobal mór fairsing Gaeilge taobh istigh agus taobh amuigh de na Gaeltachtaí nach bhfuil aon spéis acu i leabhra Gaeilge. Tá an ceart sin acu, ar ndóigh, ach caithfimid ar fad ár gcoinsias a scrúdú agus a fhiafraí dínn féin céard is cionsiocair leis an neamhaird seo. An ar an saothar atá an locht? Nó ar chúrsaí dáileacháin is díolacháin? Nó an easpa poiblíochta atá ag cothú na hísle brí?

Sílim gur féidir a rá gur faisean óigeanta go maith í an léitheoireacht i measc mórchuid de phobal na Gaeltachta. Bhí leabharlann sa Spidéal le mo chuimhne cinn ach shílfeá gurb é an cat a bhí crochta istigh romhainn ann. Bhí an-chuid daoine nach ligfeadh an náire dóibh cos a chur taobh istigh de dhoras inti. Mheas muid nárbh áit do chosa fuara ná do phócaí folmha í. Tá an meon sin ag athrú anois ach is go mall é. Ba lena gcluasa a chleacht mórchuid daoine an léitheoireacht.

Chuala mé go mbíodh Joe Sheáin Uí Chadhain ag léamh leabhra os ard do sheanmhuintir an bhaile ar an gCnocán Glas. Tharla a leithéid sin i gcorrbhaile eile freisin agus chuala mé le mo dhá chluais féin seandaoine ag aithris scéalta as na leabhra scoile a bhí de ghlanmheabhair acu. Ba bheag duine sa gceantar nach raibh cuid d'fhilíocht Joe Shéamuis Sheáin de ghlanmheabhair acu chomh maith le mórchuid den bhéaloideas agus den Fhiannaíocht a bhí siad ábalta a aithris ag am nó ar ócáid ar bith.

Ba iad an *Messenger* agus an *Far East* na chéad leabhráin a tháinig thar tairseach againne agus *Ireland's Own* faoi Nollaig; leabhráin Bhéarla, ar ndóigh, an bealach is coitianta le freastal ar phobal Gaeltachta. Ba i mBéarla a bhí an *Dandy* agus an *Beano* freisin ach ní raibh mise ag clamhsán nuair a chothaigh siad mo spéis sa léitheoireacht, iad sin agus na leabhra buachaillí bó a bhínn a léamh faoin bpluid le solas tóirse. Bhímis ag malartú na leabhra buachaillí bó le chéile sa scoil náisiúnta agus a dhá oiread déag suime againn iontu le leabhra na scoile.

Bhí sé d'ádh orm gur casadh eachtraí Réics Carló a bhí scríofa ag Cathal Ó Sándair liom ag an am. Is beag a bhíonn idir an t-olc agus an mhaith agus sílimse an dream a thug an faisean dóibh féin tosú ag léamh i mBéarla gur deacair iad a bhaint as an gcleachtadh.

Admhaím gur mó de leabhra Béarla a léim féin ná de leabhra Gaeilge. Ní hé chuile leabhar a shásaíonn mo dhúil, i nGaeilge ná i mBéarla. Níl mórán leabhar dá bhfoilsítear i nGaeilge nach gceannaím agus nach ndéanaim iarracht a léamh. Is cuma liom cén chanúint a mbíonn an leabhar scríofa inti agus dá shaibhre dá mbíonn an chanúint nádúrtha as ceantar ar bith is ea is mó a bhíonn bród orm aisti. Scéal spéisiúil a bhím a lorg agus é a bheith dea-scríofa i nGaeilge phaiteanta. Ní i gcónaí a fhaighim toradh ar mo ghuí. Is féidir le droch-cheardaí an mhaith a bhaint as scéal ar fónamh agus chasfaí scríbhneoirí leat a bhfuil bun agus barr rialacha na scríbhneoireachta go paiteanta acu ach nach bhfuil mórán blas ar a saothar de bharr easpa samhlaíochta.

Braitheann sé, ar ndóigh, ar spéis an léitheora. Ní lia duine ná tuairim. Tá daoine ann nach mblaisfeadh d'aon phionta ach de phionta pórtair agus tá daoine ann nach lú leo an diabhal ná pórtar. Tá daoine ann a mhionnóidh go bhfuil salann milis agus siúcra searbh. Beatha duine a thoil, deirtear, agus is amhlaidh le hábhar léitheoireachta é.

Rinne mise iarracht leabhra a bhí molta go hard na spéire a léamh. Leabhra a raibh duaiseanna móra bainte amach acu, ach bhí an t-ábhar chomh tirim teibí domsa is gur chinn orm aon solamar a bhaint astu. Is féidir liom é seo a rá ó tharla gur éirigh liom féin cúpla duais a bhaint amach agus gur maith an seans go bhfuil mé féin sa mbád céanna! Ní ag fáil lochta ar aon leabhar atá mé. D'fheil siad thar barr d'aicme áirithe daoine ach creidim go láidir go bhfuil aicme líonmhar eile nach bhfuil freastal mar is cóir á dhéanamh orthu. Aicme nach mbeadh á meabhrú féin le hábhar acadúil ach a bhainfeadh sú agus súiteán as leabhar a bheadh suimiúil dóibh mar chaitheamh aimsire. Formhór an mhilliún duine ar labhair mé níos túisce orthu, milliún, nó a leath fiú amháin nó a leath sin arís, a chuirfeadh brí agus fuinneamh i margadh na Gaeilge in ionad margadh an Bhéarla a bheith ag baint tairbhe astu.

Tá an cineál seo leatroim follasach i gcúrsaí ealaíon i mBéarla agus i nGaeilge. Tóg an drámaíocht, mar shampla, ní gá do mhórchuid comhlachtaí amharclainne bheith ag brath beag ná mór ar an teacht isteach ó dhoirse de bharr an mheall mór deontas bliantúil a fhaigheann siad ó fhoinsí an Stáit. Is rómhinic dá réir a roghnaíonn siad drámaí atá feiliúnach do dhís nua-aoiseach na n-ealaíon amháin. Drámaí atá chomh teibí casta is nach dtuigeann a leath díobh iad ach gur maith leo bheith ag croitheadh a gcinn agus ag aontú lena chéile mar a bheadh ál géanna. Ach nuair is gá hallaí a líonadh agus aisteoirí a íoc as airgead an dorais, tá a fhios acu gur drámaí le leithéidí John B. Keane a shantaíonn an gnáthphobal – an chloch dár dhiúltaigh na saoir, rinneadh cloch choirnéil di, a deir an Leabhar Beannaithe, agus b'amhlaidh le John B. Murach go raibh sé de mhuinín is de mhisneach aige féin agus ag aisteoirí Lios Tuathail na drámaí a léiriú iad féin ní thiocfadh a chuid saothair thar tairseach in aon amharclann náisiúnta go brách.

Sílim gurb amhlaidh do scríbhneoireacht leithéidí Maeve Binchy é. Is beag seans go mbeadh sí ar sméar mhullaigh na léirmheastóirí, ach bhí a mhalairt de thuairim ag an bpobal a chuireann lámh ina bpócaí. Ní dóigh liom go bhfuil an cineál sin ábhair léitheoireachta á chur ar fáil do phobal na Gaeilge. Roghnaíonn an pobal na scríbhneoirí is ansa leo, ach cé a roghnaíonn an t-ábhar is fearr le cur i lár an phobail? Ar ndóigh, is leis na foilsitheoirí an rogha a dhéanamh ach sílim go mbeadh sé réasúnach a rá gur ag céimithe agus ag léachtóirí ollscoile atá ceannas ceann ar litríocht na Gaeilge. Is iad is iondúla ag tabhairt a mbreithiúnais ar chomórtais agus ag léirmheastóireacht sna meáin (agus ní eol domsa dream ar bith eile atá níos oilte leis an obair sin a dhéanamh). Tá geataí na nOllscoileanna oscailte do chlann na hÉireann uile anois agus ní hé amháin go dtugann sé cead isteach do dhaoine atá ag iarraidh an dlaoi mhullaigh a chur ar a gcuid oideachais ach tugann sé cead amach go dtí ollscoil an tsaoil don fhoireann teagaisc; mar is oideachas ann féin é eolas a chur ar an saol ina iomláine. Ach ar fhaitíos go gceapfadh dís an ard-léinn go bhfuil siad saor ó chuile smál dár dual don chine daonna, níl. Bhí, tá agus beidh go brách corrdhuine ann nach léir dóibh ach fad a srón féin, nach suim leo aon slí bheatha taobh amuigh dá gcnuasnóg, a mhothódh éisealach i gcomhluadar lucht bailithe bruscair nó lucht blite na mbó nó i measc na laochra a thugann aire do sheandaoine, cé go mb'fhánach orainn ar fad gan trócaire a chéile. Ní hé amháin go gcaithfidh na léirmheastóirí bheith ina máistrí ar a gceird, ach caithfidh siad bheith fadbhreathnaitheach agus leathanaigeanta dá réir mar go bhfuil an chontúirt ann go dtosódh chuile scríbhneoir ag aithris ar an bhfaisean is nua-aoisí agus ar an ábhar is mó atá in ann dul i bhfeidhm ar na meáin, nuair is léir sa rith fada gur beag suim atá ag mórchuid an phobail sa gcineál sin saothair.

Ach ní dóigh liomsa go bhfuil scríbhneoir ná léirmheastóir dá fheabhas ábalta freastal ar na láithreacha éagsúla atá mar chosa faoi ghluaiseacht na Gaeilge. Iad ar fad chomh mór faoi gheasa ag a bport féin is go síleann siad gur chóir don saol Gaelach uile damhsa dá réir. Is faisean le chuile ghrúpa dá raibh faoi chois dul thar fóir leis an gceannas ceann nuair a fhaigheann siad saoirse. Tá an chontúirt ann gur i ngarrantaí gabhainn a bheidís á sáinniú féin in ionad dul ag fuirseadh i dteannta na meithle atá ag cur an tsíl ó thús an tsaoil. Sin é an áit arbh áil le scríbhneoirí bheith, i lár na meithle léitheoireachta.

Tá mé dall ar na bealaí a ndéantar iarracht leabhra Gaeilge a chur i láthair an phobail sin. Ní mórán atá scríofa agam ach mothaím nach bhfuair an méid sin féin a dhóthain de shúil an phobail. Beidh úrscéal liom á fhoilsiú go gairid agus más olc maith é tá súil agam go mbeidh an leabhar le feiceáil ar sheilfeanna sna háiteanna nach bhfaca mé aon chóip de na gearrscéalta a d'fhoilsigh mé, i gCorca Dhuibhne, mar shampla, nó in Árainn, áiteanna a mheasfainn a ndíolfaí riar maith cóipeanna iontu. Sin é an chaoi a mbailíonn lucht polaitíochta a gcuid vótaí, dul ag fiach ar chuile vóta nó go bhfuil cuóta gnaíúil acu faoi dheireadh. Creidim gur féidir an díolaíocht a dhúbailt nó a dhúbailt faoi dhó féin le poiblíocht cheart agus le díograis. B'fhéidir gur saochan céille atá do mo chur ag tuar na bhfigiúirí seo, ach tá mé ag tógáil na mílte scoláire a áirítear ar champas Gaelach na hollscoile san áireamh; tá mé ag tógáil na ndeich míle scoláire atá i mbunscoileanna Gaeltachta san áireamh, agus seans an méid céanna sa dara leibhéal, agus tá mé ag tógáil san áireamh an fiche míle scoláire atá ag dul trí chóras na Gaelscolaíochta. Bheinn ag súil tar éis achar áirithe blianta go mbeadh toradh praiticiúil le tabhairt faoi deara ar nós ardú sa líon leabhra Gaeilge a bheadh á ndíol. Bheinn ag súil más fiú Gaeilge a fhoghlaim gur fiú í a fhoghlaim i gceart mar a rinneadh leis an gceol Gaelach nuair a tógadh le bród agus le meas as an ísle brí é.

Níl sé rómhall fós leis an nGaeilge a chur ar bhealach a leasa dá mbeadh sé de thuiscint ionainn ar fad oibriú go measúil as lámha a chéile in ionad chuile cheantar agus chuile eagraíocht a bheith ag tarraingt an tsrutha chuig a muileann beag príobháideach féin.

Níl sruth na Gaeilge sách láidir le bheith ag casadh mórchuid rothaí in aghaidh stuif, agus creidimse mura bhfuil na fíoruiscí mar fhoinse ag an sruth sin gur isteach i gcóras eisilteach a chaithfear é a ligean i ndeireadh na dála.

B'fhéidir go bhfuil iomarca tornála déanta agam ó ábhar an ailt seo ach mura bhfuil Gaeilgeoirí againn ní bheidh léitheoirí againn agus creidim go gcaithfear tosú leis an aos óg. Ba thús maith é dá mbeadh sé de cheart ag scoláirí as chuile cheantar leabhra a roghnú a bheadh scríofa i gcanúint a bheadh nádúrtha dóibh. Cead ag coistí tuismitheoirí agus ag múinteoirí leabhra feiliúnacha a roghnú. B'fhéidir gur fusa é a rá ná é a dhéanamh, ach sílim nach mbeadh sé dodhéanta ag foilsitheoirí comórtais a eagrú ar bhonn réigiúnach a mbeadh scoláireacht ollscoile mar dhuais orthu. Cead ag chuile fhoilsitheoir liosta iomlán dá gcuid leabhra a chur ar fáil agus gearrchuntas ar ábhar gach leabhair. Cead ag na scoláirí ansin leabhar a roghnú agus léirmheas a scríobh. B'fhéidir é a chur d'iallach ar thuismitheoirí a shíniú go raibh na leabhra a roghnaigh a gclann feiliúnach dóibh. Chuirfeadh sin mórchuid daoine ag léamh mórchuid leabhra agus sílim go mbeadh toradh na léirmheastóireachta ina oscailt súl dúinn ar fad.

Meitheal, meas agus macántacht a chothós cainteoirí agus léitheoirí Gaeilge. Is í an mhóraidhm chéanna atá againn ar fad agus is ar mhaithe leis an aidhm sin a deirim a bhfuil ráite agam. Ach b'fhéidir go raibh an ceart ag mo mháthair, go ndéana Dia grásta uirthi, nuair a deireadh sí gurb í an chuid is lú den chaint an chuid is fearr.

3

AN LÉITHEOIREACHT AGUS AN GHAELTACHT

Dónall P. Ó Baoill

Tá an tOllamh Dónall Ó Baoill lonnaithe in Ollscoil na Banríona, Béal Feirste ó 1999. Chaith sé corradh le cúig bliana fichead le hInstitiúid Teangeolaíochta Éireann roimhe sin. Tá mórán leabhar agus alt scríofa aige ar ghnéithe den teangeolaíocht, de theanga na Gaeilge, den bhéaloideas, de Bhéarla na hÉireann, den stair shóisialta agus de mhúineadh na teanga. Is comhúdar é ar leabhar ar theanga Chomharthaíochta na mBodhar in Éirinn. As Mín an Chladaigh, Tír Chonaill, é ó dhúchas. Bhí sé ina bhall de Choimisiún na Gaeltachta 2000-2002.

RÉAMHRÁ

Is iomaí rud a d'fhéadfaí a rá faoin ábhar seo ach le tuiscint éigin a fháil ar an chomhthéacs inar cheart léitheoireacht sa Ghaeltacht a shuí, cha miste dúinn amharc ar an stair a bhaineann leis an scéal. Má théimid siar go dtí an bhliain 1600 is é an rud a ritheas linn láithreach a laghad sin daoine a raibh ionramháil na teanga acu. Dream beag filí agus scríobhaithe a bhí in inmhe í a chur ar pár. Fiú an chuid is mó acu sin, is ar ársaíocht is minice a bhí a n-aird ós rud é gur chosaint dóibh féin an modh oibre sin agus gur coinníodh na 'gnáthdhaoine' ar an imeall in aineolas agus gan cead isteach i gclub na léitheoireachta agus na scríbhneoireachta acu.[1] Is é an tábhacht a bhaineann leis an chomhthéacs shóisialta seo gur fágadh scríbhneoirí gan treoir róchuimsitheach faoi na bealaí inar cheart tabhairt faoi litriú a dhéanfadh fónamh ar phobal mór na tíre sa tseachtú céad déag agus ó sin ar aghaidh. Fágadh an litriú ar sliobarna go dtí an fichiú haois sular tosaíodh á thabhairt chun cadráin leis an réim labhartha a bhí coitianta i measc cainteoirí dúchais.

Is é an toradh a tháinig den neamart mhór sin gur fágadh muid gan uirlis litearthachta a bheadh furasta a fhoghlaim agus a láimhseáil. Fágann sin gur beag léitheoireacht a rinneadh i nGaeilge agus is lú ná sin an scríbhneoireacht a rinneadh. D'fhág an rud go léir a lorg síceolaíoch féin ar aigne na gcainteoirí go dtí sa deireadh gur chreid siad nárbh fhiú an teanga a scríobh ná a léamh. Chuidigh an t-athrú teanga a bhí ar siúl acu féin leis an scéal, agus nuair a tháinig áiméar scríobh a fhoghlaim is trí bhíthin an Bhéarla a tháinig sé.

Ná bíodh iontas ar bith orainn, mar sin, gur i mBéarla a bhíonn lucht na Gaeltachta ag léamh óir, mar a deir an seanfhocal, níl dlí ar an riachtanas.[2] Agus is riachtanas praiticúil a bhí riamh ann agus daoine ag iarraidh a mbeatha a shaothrú agus a mbealach a dhéanamh sa tsaol. Chan fhurasta anois an nósmhaireacht sin a athrú nó is cinnte go bhfuil iarsmaí den dearcadh stairiúil le fáil mar chuid den chultúr choiteann a gcreideann daoine ann. Bhí rud eile nár chuidigh leis an chás: gurbh iad an mheánaicme a chuir oideachas orthu féin go dtí le fíordheireanas agus gur acu sin, mar sin, a bhí na seansanna buntáiste a bhaint as bheith liteartha ar leibhéal réasúnta ard sa teanga. Fágadh tromlach mór phobal na Gaeilge aineolach ar bhuntáistí na litearthachta i nGaeilge, fiú dá bhfeicfeadh siad gur tairbhe dóibh an iarracht sin a dhéanamh. Ach charbh ea, is eagal liom, agus rinne siad an ní a shíl siad a thabharfadh an tsaoirse dóibh páirt a ghlacadh i saol na tíre, cloí le nósmhaireacht an tromlaigh agus an chumarsáid a chur i gcrích i mBéarla. Níor chuir an saoroideachas, mar a thugtar air, agus a tháinig chugainn sna 1960í athrú substaintiúil ar bith ar an mheon sin nó bhí sé daingnithe go domhain sna daoine agus ina n-iompar. Níor léir dóibh ach oiread athrú ar bith ar mheon na tíre, an rialtais ná na ndaoine coitianta i leith na ceiste. Is go righin mall a thiocfas an t-athrú meoin atá de dhíth.

ÁBHAR DÍOSPÓIREACHTA

Tá cúpla ceist nár mhiste dúinn aghaidh a thabhairt orthu go macánta go bhfeicfimid an bhfuil aon ní le foghlaim astu le míniú éigin a fháil ar chruas na ceiste atá faoi chaibidil againn. Is fiú cúpla ráiteas a chaitheamh amach a bhfuil cruthúnas éigin iontu ar a bhfuil ag tarlú do réimse na léitheoireachta i nGaeilge. Tá bonn níos leithne faoi chuid de na ráitis ná cúrsaí léitheoireachta ach thar an méid sin tá léargas géar iontu ar fhíricí a bhaineann le húsáid teangacha taobh le chéile i suímh dhátheangacha.

- D'fhan an Béarla in uachtar i ngach réimse sóisialta, an léitheoireacht san áireamh.
- Is í an cheannasaíocht nádúrtha is mó a rialaíonn an áit agus an stádas a bhíonn ag teanga.
- Cuireann an córas 'ceannas aonstáit' síos ar an dóigh a dtéann an cultúr cumhachtach i bhfeidhm ar an choitiantacht ar bhealach indíreach, dofheicthe, fochoinsiasach in áit bheith mar chuid de chóras so-aitheanta leatromach.

Is léir go bhfuil fírinne áirithe ag baint leis na ráitis sin. Bíonn ceannasaíocht ag teanga amháin go nádúrtha ar theanga eile; sa chás seo, ceannas mórtheanga ar mhionteanga atá i gceist. Nuair a tharlaíonn a leithéid sin, cruthaítear suíomh ina dtéann teanga amháin, a cumhacht agus a cultúr i bhfeidhm go formhothaithe ar an teanga lag, ar a comhthéacs úsáide, ar struchtúr agus, ar deireadh, ar aigne agus ar dhearcadh na ndaoine a labhraíonn í.

D'aontaigh daoine go fochoinsiasach le norm an Bhéarla mar go raibh an teanga acu (más go bacach féin in amanna é) agus gurbh fhusa gabháil le sruth ná snámh ina éadan i dtaca le gnáthchúraimí an tsaoil. Ba mhór an bua gan amhras cumas litearthachta a bheith ag duine agus smacht éigin ar chumas scríbhneoireachta sa Bhéarla chaighdeánach. Chuidigh léitheoireacht an Bhéarla go mór leis na scileanna seo a fhorbairt tuilleadh, rud nach raibh le fáil sa Ghaeilge ach ar bhonn an-scáinte agus easnamhach. An nósmhaireacht a ghin an suíomh sochtheangeolaíochta seo, is doiligh a briseadh anois ná fiú amháin cúl a chur uirthi. Tá síceolaíocht phraiticiúil dá cuid féin ag siúl leis an mhodh oibre seo.

AN COMHTHÉACS SÓISIALTA SA GHAELTACHT

Tá athrú mór i ndiaidh teacht ar an ghréasán shóisialta a bhíodh sa Ghaeltacht le deich mbliana fichead anuas. D'fhéadfaí a rá gur gréasán 'dlúth' a bhí mar eiseamláir ar shaol na Gaeltachta. Anois is gréasán 'scaoilte' atá sa treis, áit a bhfuil gach duine ag iarraidh bheith neamhspleách ar an duine eile ach amháin ag corrtheacht le chéile nach dtig a sheachaint. Tá baint ag an méid seo fosta leis an athrú stádais atá i ndiaidh teacht chun cinn sa Ghaeltacht, go bhfuil daoine ag éirí níos meánaicmí ina mbealaí oibre, ina n-iompar agus ina ndearcadh. Tá a fhios againn go mbíonn na gréasáin is dlúithe agus is infhilltí dá bhfuil ann ina measc siúd a bhfuil stádas íseal eacnamaíochta acu. Is cinnte gur chuidigh leagan amach eacnamaíoch na Gaeltachta le gréasán sóisialta den chineál seo a chothú agus a choinneáil le chéile. Ach nuair a bhris sé as a chéile ba bheag a bhí le cur ina áit agus char líonadh an bhearna sin ar bhealach buan tairbheach ar bith go fóill.

Tá baint ag an méid seo le gné eile den mhósáic shóisialta: an dlúthbhaint a bhíonn idir áiteachas / áitiúlacht agus an dlúth-theagmháil a bhíonn ag daoine le chéile agus an dóigh a gcruthaítear dlúthghréasán sóisialta agus maireachtála as sin. Nuair a tharlaíonn sé sin, is iad an teaghlach, an chomharsanacht, agus an pobal an pháirc shóisialta a bhíonn ag daoine agus láthair na himeartha ó lá go lá. Gineann seo caidreamh agus gaol comhghuaillíochta i measc na ndaoine nach furasta a scaoileadh. Tugann a gcuid gníomhaíochtaí tacaíocht dá chéile agus cuireann seasmhacht ar fáil a dhéanann comhdhlúthú ar imeachtaí iomlán an tsaoil laethúil, úsáid agus iompar teanga go hard ina measc. Bhain an sórt seo comhghuaillíochta le saol na Gaeltachta go dtí na 1960í agus ansin thosaigh sé ag titim as a chéile.

Thig an méid seo a rá faoin chineál sin iompair agus béascna: go dtéann luachanna áitiúla agus dílseacht shóisialta le patrúin labhartha. Fágann sin gur ar an rud áitiúil a bhíonn tóir; ar an chanúint, ar an stair, ar an nósmhaireacht, ar an amhránaíocht, ar na cluichí agus dá réir sin. Bhí an chuid seo ceangailte go mór le teanga na Gaeilge agus lena húsáid. Cha raibh ceangal ar bith dá leithéid ag baint le húsáid an Bhéarla mar nár chuid den dlúthcheangal chéanna é ar chor ar bith. Tháinig de seo go raibh nósmhaireachtaí difriúla canúna, réime agus léitheoireachta á gcleachtadh sa dá theanga ag an dream céanna daoine. De réir a chéile ansin chuaigh an nósmhaireacht a bhain leis an Bhéarla chun treise go fochoinsiasach agus is aige sin atá an svae riamh ó shin. Sin an fáth a bhfuil an oiread sin tóra ar an chaint áitiúil i nGaeilge, agus ar urlabhra ar bhonn i bhfad níos forleithne agus níos caighdeánaí sa Bhéarla. Is léir an toradh seo as suirbhéanna éagsúla a rinne daoine aonair agus institiúidí le blianta anuas. Tá an tóir, dá bhrí sin, ar leaganacha ar leith cainte ag lucht na Gaeltachta seachas ar fhoirmeacha atá níos cóngaraí don chaighdeán oifigiúil is gnách a chleachtadh sa scríbhneoireacht.

AISIMIRCIGH AGUS INIMIRCIGH – PATRÚIN SCOLAÍOCHTA

Le cur síos níos cruinne a thabhairt ar a bhfuil ag tarlú sa Ghaeltacht féin, is fiú amharc ar roinnt staitisticí a bhaineann le líon na ndaoine óga a fhanann ar scoil, cé acu bunoideachas, iarbhunoideachas nó oideachas tríú leibhéal atá i gceist. Go dtí le deireanas bhí céatadán an-ard, 46%, ag fágáil na bunscoile sa Ghaeltacht gan dul ar aghaidh chun iarbhunoideachais. Cuir é sin i gcomparáid le 3% ina measc sin ar inimircigh chun na Gaeltachta iad. Caithfear ceist a chur cén t-údar atá leis an nósmhaireacht seo: traidisiún, cúlra eacnamaíochta, imirce, an struchtúr sóisialta nó gnéithe éagsúla de na cúiseanna sin go léir.

Dheamhan mórán níos fearr atá an freastal ar an iarbhunoideachas: 38% de lucht na Gaeltachta a théann ar aghaidh agus a chríochnaíonn oideachas dara leibhéal i gcomparáid le 77% de na hinimircigh eile sa tír. Is cinnte gur mór an difríocht idir an dá ghrúpa agus caithfidh sé go bhfuil míniú le fáil ar na cúiseanna atá leis. Níos tábhachtaí ná sin, ar ndóigh, tá an dearcadh a fhágann iompar dá leithéid ar shaol an duine. Mura bhfuiltear ag baint úsáide as an oideachas le feabhas a chur ar chaighdeán beatha agus eacnamaíochta an duine, is doiligh bheith ag súil le toradh fiúntach ar aisling lucht oideachais agus rialaithe na tíre. Mar is eol dúinn tá tábhacht ar leith le hoideachas tríú leibhéal mar gur tríd a osclaítear bearna an eolais agus na fiosrachta. Tá feabhas ag teacht ar rannpháirtíocht aos óg na Gaeltachta san earnáil seo agus tá éirithe leo, a bheag nó a mhór, cothromaíocht a bhaint amach lena gcomhaosaigh i measc na n-inimirceach. Tá iarrachtaí fónta ar siúl ag Ollscoil na hÉireann, Gaillimh seans oideachais tríú leibhéal a chur ar fáil sna Gaeltachtaí agus oideachas ar an dara seans chomh maith. Cuideoidh na hiarrachtaí seo agus cuid de na moltaí a rinne Coimisiún na Gaeltachta le ceangal a chothú idir dúchas na Gaeltachta, a forbairt, a fás nádúrtha agus a hinmharthanacht mar phobal inaitheanta teanga.

Bheadh duine ag súil go dtiocfadh de seo ar fad tuiscint eile ar thábhacht na teanga dúinn mar dhaoine, agus dá thoradh sin go bhfeicfí an ról lárnach atá ag litearthacht fholláin agus ag caighdeán ard scríbhneoireachta mar chnámh droma do fhíorú fhís na cumarsáide nua-aimseartha.

PATRÚIN SCOLAÍOCHTA SA GHAELTACHT

Bhí patrún faoi leith léitheoireachta sa Ghaeltacht riamh ó thús aimsire. Ba é an seanphatrún, ar ndóigh, an léitheoireacht a dhéanamh trí bhíthin an Bhéarla. Bhí ábhar fairsing sa teanga sin, agus fiú na daoine sin a d'fhág an scoil agus gan ach breaceolas acu ar an Bhéarla agus ar a scríobh nó a léamh, chuir siad dua orthu féin ceann scríbe éigin a bhaint amach sna scileanna sin ar mhaithe leo féin agus le feabhas a chur ar a saol. Bhí córas an oidis bhéil an-láidir sa Ghaeltacht riamh ó thús ama agus char chuidigh sin ach oiread le cothú na léitheoireachta agus na scríbhneoireachta. Ach d'athraigh an saol, má d'athraigh!

Sula raibh am ag an tsaoroideachas casadh nó dhó a chur sa nósmhaireacht seo a bhaineann le léitheoireacht agus le scríobh na Gaeilge, thosaigh athruithe móra ag teacht ar shaol sóisialta agus ar chultúr na dlúthpháirtíochta sa Ghaeltacht. Ó 1960, nó mar sin, is beag nár casadh tairne na teanga ar mhullach a chinn: foghlaimíodh Béarla, tugadh cúl leis an Ghaeilge i réimsí a raibh greim daingean aici iontu go dtí sin, tháinig saol úr agus bealaí úra le cumarsáid a dhéanamh nó a stopadh – an teilifís, an tIdirlíon, an fón póca. Is beag má bhí am ag an teanga dul i ngleic leo seo ar chor ar bith. Fágadh an bhuaile faoi bhéascna an Bhéarla. Samhlaíodh an tsiamsaíocht anois leis an Bhéarla agus thosaigh an t-aos óg ag caint agus ag cantaireacht sa teanga sin. Cruthaíodh dlúthghréasán eile anois nach raibh cleachtadh ag glúnta roimhe sin air; ligeadh an seanghréasán le sruth gan iarracht ar bith an folús a bhíothas a fhágáil a líonadh. Má bhí plean ann chan fhacthas é. Bhí deifre ar dhaoine ag fáil réidh le hiarsmaí na náire agus na bochtaineachta. Níl a fhios agam ar bheir siad ar a gciall go fóill.

Tá roth na Gaeilge ag casadh tuathal, nó b'fhéidir ina lánstad, sa Ghaeltacht. Tá iarracht ollmhór de dhíth leis an roth seo a chur ag gluaiseacht arís. Beidh cothú na léitheoireachta ar bhealach úr ina chuid lárnach den ghluaiseacht athbheochana sin.

Go deimhin táimid aineolach go maith ar ghnásanna léitheoireacht na Gaeilge nó an Bhéarla sa Ghaeltacht. Ba cheart i saol seo an taighde go mbeadh eolas againn ar cad é a léitear, cé a léann é agus cé chomh minic agus a dhéantar léamh ar bith. Is iomaí ceist eile atá le cur sula bhféadfaimid castacht na ceiste seo a ríomh ar bhealach a thabharfadh léargas dúinn féin, do scríbhneoirí agus do lucht foilsitheoireachta.

AN RÉ NUA

Tá cuma ar an scéal go bhfuil ré úr buailte linn anois sula bhfuair an Ghaeltacht seans teacht chuici féin maidir le buntáistí oideachais agus cothú na léitheoireachta. Ré é seo nach bhfuil béim dá laghad ar léitheoireacht ann; ar chiorrscríobh a bhíonn an bhéim, gach cóngar agus aicearra a ghlacadh. Tá cáilíocht an Bhéarla féin imithe síos agus daoine go leor an-bhuartha faoin 'dearcadh' a léiríonn an nós cuma liom a thugann iarrachtaí litrithe agus gramadaí le fios. Beidh obair é seo a cheartú, mar den chéad uair riamh i stair na tíre tá an pobal uile go léir le cur faoi oideachas litearthachta, agus mar a thaispeánann na torthaí a bhíonn sna nuachtáin ó am go chéile tá céatadán an-mhór nach bhfuil ag baint na spriocanna is ísle amach. Tá teipthe ar an chóras acadúil a bhfuil réimeas aige sna scoileanna toradh a bhaint amach; chan eisceacht an Ghaeltacht sna cúrsaí seo ach oiread, rud a fhágann mairg bhreise ar léitheoireacht a theagasc gan trácht dubh ná bán ar í a chleachtadh. Tá an ríomhaire i ndiaidh smacht a fháil ar ár n-aigne agus ar ár samhlaíocht agus is gairid go measfar gur amach as a chaithfeas gach eolas teacht. Beidh thiar agus abhus orainn ansin.

Níl mórán áite go fóill beag ag an tsaol áitiúil ar na gréasáin úra seo. Tá sodar orainn ag iarraidh coinneáil suas le taobh an Bhéarla nach bhfuil forbairt 'dhúchasach' ar bith ar siúl againn ach ag aithris ar chonair an Bhéarla. Cé gur fearr le muintir na Gaeltachta nuacht agus scéalta a bhaineann leo féin, is fada go raibh a sáith den chineál sin léitheoireachta ar fáil dóibh. Is eagal liom gur ar scáthán an Bhéarla a bhéarfas siad a n-aghaidh ar fad ainneoin ár ndíchill. Is trua sin, ach tá géarghá agus práinn anois le comhiarracht idir lucht múinte, lucht scríofa, lucht foilsitheoireachta agus lucht taighde le dlús a chur le clár leathan forbartha a chuirfeas an stair taobh thiar dínn agus dúil sa léitheoireacht chun tosaigh. Bímis ag cur chuige, mar sin.

NÓTAÍ

[1] Is léir nach meas rómhór a bhí ag an dream léannta seo ar chaint na ndaoine, fiú ag tús an tseachtú céad déag. Is fiú cuid de na tagairtí atá ag an Ultach, Giolla Bhríde Ó hEodhasa, faoi chaint choitianta na ndaoine a léamh nuair a bhíonn sé ag tabhairt eiseamláirí den teanga chaighdeánach. Tá eagrán Nua-Ghaeilge dá shaothar ar fáil anois le cúpla bliain, a bhuíochas sin do Shéamus de Napier. Bhí an téacs Laidine ar fáil le fada (Mac Aogáin, P. (eag.)) ach is beag duine anois a bheadh ábalta ar an Laidin sin a léamh le héascaíocht.

[2] Ba chuma, ar ndóigh, cé acu an Ghaeilge nó an Béarla nó an dá cheann a bhí agat ó dhúchas agus ó chleachtadh. Is trí mheán an Bhéarla a chuirfí oideachas ort feasta agus cuireadh dlús le teagasc na litearthachta Béarla ar gach bealach agus go háirithe trí na scoileanna a bunaíodh go fairsing ó na 1830í ar aghaidh. Char athraíodh an polasaí sin sa Ghaeltacht go dtí na 1920í nuair a tháinig an rialtas dúchais ar an fhód. Faraor bhí cráinbheáil na teanga agus na léitheoireachta ar an dé leathdheiridh faoin am sin agus is ar éigean a tháinig sí chuici féin go fóill.

FOINSÍ

Bourdieu, P. (1991). *Language and Symbolic Power.* Cambridge.

Coimisiún na Gaeltachta (2002). *Tuarascáil.* Baile Átha Cliath.

Commins, P. (1988). 'Socioeconomic development and language maintenance in the Gaeltacht', in *The International Journal of the Sociology of Language,* 70, 11-28.

Corson, D. (1993). *Language, minority education and gender: linking social justice and power.* Clevedon.

De Napier, S. (2001). *Comhréir agus Gramadach Ghaeilge Uladh i 1600:* aistriú go Nua-Ghaeilge ar *Rudimenta Grammaticae Hibernicae,* le Bonaventura Ó hEodhasa. Baile Átha Cliath.

Mac Aogáin, P. (eag.) (1968). *Graiméir Ghaeilge na mBráthar Mionúr* (Scríbhinní Gaeilge na mBráthar Mionúr VII). Baile Átha Cliath.

Ó Donnaile, A. (1994). *Socio-linguistic Study of the Gweedore Area.* Tráchtas neamhfhoilsithe D.Phil., Ollscoil Uladh, Cúil Raithin.

Smyth, W. (1975). 'Continuity and Change in the territorial organisation of Irish rural communities', in *Maynooth Review* 1, 51-78.

4

Léitheoireacht na Gaeilge a Neartú
Dúshlán na bhFoilsitheoirí

Colmán Ó Raghallaigh

Tá Colmán Ó Raghallaigh ina Stiúrthóir ar Chló Mhaigh Eo, foilsitheoirí do pháistí agus do dhaoine óga. Is scríbhneoir aitheanta é freisin agus ceithre leabhar déag leis foilsithe. Tá an leabhar is mó díol leis, Drochlá Ruairí, *curtha ar fáil ar CD-Rom ag Fios Feasa agus an dara ceann á réiteach. Ghnóthaigh a úrscéal grafach,* An Sclábhaí, *Duais Bisto i 2002.*

RÉAMHRÁ

Trí bliana ó shin thug Eagarthóir *Feasta*, Pádraig Mac Fhearghusa, cuireadh dom alt a scríobh don iris sin ar a raibh i ndán don léitheoireacht Ghaeilge, dar liomsa. Ag críochnú an ailt dom agus tar éis dom roinnt rudaí crua a rá faoin ábhar, dúirt mé an méid seo:

> Mar chéad chéim tá gá le fóram a eagrú leis na ceisteanna seo a chíoradh, áit a bpléifeadh lucht riaracháin, foilsitheoirí agus pobal na Gaeilge i gcoitinne a bhfuil romhainn. Dá ndéanfaí sin agus gach taobh a bheith aontaithe ar an mbealach romhainn bheimis leath bealaigh.
>
> *(Feasta*, Bealtaine 2000)

Sula dtosaím ar an alt seo ba mhaith liom mo bhuíochas ó chroí a chur in iúl do Róisín Ní Mhianáin as an bhfóram sin a eagrú agus a chur ar fáil dúinn ag tús mhí an Mhárta 2002. Níl aon dabht ach gur ócáid stairiúil a bhí inti ach braithfidh a tábhacht fhadtéarmach ar an méid a dhéanfaimid ar fad lena chinntiú nach obair in aisce an méid a rinne Róisín.

73

FOILSITHEOIREACHT NA GAEILGE

Ag breathnú dúinn ar chúrsaí foilsitheoireachta i nGaeilge faoi láthair is léir go bhfuil forbairt iontach tagtha ar líon agus ar chaighdeán na leabhar atá á gcur ar fáil. Tá cúrsaí dearthóireachta feabhsaithe go mór agus is léir an-chuid scríbhneoirí seanbhunaithe agus scríbhneoirí nua a bheith ar fáil i gcónaí le dul i mbun pinn. Tá rian na hoibre móire atá ar bun ag Bord na Leabhar Gaeilge i gcomhar leis na foilsitheoirí Gaeilge, le tamall de bhlianta anuas, le feiceáil i gcuid mhaith de na forbairtí seo.

Ach in ainneoin na n-iarrachtaí is fearr ní léir aon mhéadú mór a bheith ag teacht ar líon na léitheoirí agus tuairiscítear, más fíor, gur meán de 300 an díolachán a bhíonn ar an gcuid is mó de na leabhair Ghaeilge a fhoilsítear (is dócha gur chóir a lua freisin nach ndíoltar ach roinnt céadta cóip de go leor leabhar Béarla ach oiread).

Ag an am céanna, faoi mar a scríobh Tadhg Mac Dhonnagáin ina réamhrá don leabhar ealaíne *Fís agus Teanga* a foilsíodh mar chuid de Féile 2000:

> In ainneoin fhlosc na foilsitheoireachta san fhichiú haois, cheapfá in amanna nach bhfuil mórán níos mó léitheoirí ann don charn leabhar atá á scríobh i nGaeilge ná na scríbhneoirí féin atá á gcumadh.
>
> (Ó Conghaile, M. agus Reaney, P. (eag.), 5)

Ábhar machnaimh an méid seo uile, gan aon amhras, go háirithe nuair a chuirtear san áireamh an díghrádú iomlán atá déanta ar an nGaeilge sa chóras oideachais le tamall de bhlianta anuas agus an titim dá réir i gcumas labhartha agus léitheoireachta na ndaltaí.

Le faillí na Roinne Oideachais ó thaobh cúrsa labhartha a chur ar fáil in áit an *Bhuntúis* le scór bliain anuas tá curaclam na bunscoile ag brath cuid mhaith ar na saotharleabhair ghránna úd nach múineann tada do na scoláirí bochta ach an dearg-ghráin ar an Ghaeilge.

Caithfear a rá go bhfuil go leor le moladh sa churaclam nua atá le cur i bhfeidhm. Ach beidh scoileanna fós ag brath ar na comhlachtaí leabhar maidir le hábhar múinteoireachta agus níl dabht ar bith ormsa, más leid ar bith é an méid a tharla leis an mBéarla, gur athchúrsáil chliste a dhéanfar ar an seanábhar seanchaite agus an seantoradh céanna leis.

Tá dhá fhíric nach bhfuil aon dul tharstu sa chomhthéacs seo. Ar an gcéad dul síos ní ionann bheith ag 'léamh' léitheoirí scoile agus grá nó cumas don léitheoireacht Ghaeilge a fhorbairt i bpáiste ar bith. An dara rud agus b'fhéidir an rud is bunúsaí ar fad, ná go bhfágann 99% de ghnáthscoláirí bunscoile Rang 6 gan oiread agus leabhar amháin Gaeilge a bheith léite acu riamh. Mar sin, go dtí go scaoiltear greim mharfach na gcomhlachtaí leabhar ar an gcuraclam Gaeilge agus an curaclam a oscailt don uile chineál léitheoireachta ní féidir tosú i gceart ar chothú na fíorléitheoireachta le daoine óga.

Mar an gcéanna sna meánscoileanna, áit a bhfuil téacsanna, ar ábhar ollscoile an chuid is mó díobh, in ainm a bheith á staidéar ag scoláirí a chuireann freagraí nach dtuigeann siad de ghlanmheabhair le haghaidh scrúduithe; déanann siad dearmad ansin orthu chomh sciobtha in Éirinn agus is féidir leo. An bhfuil ciall ar bith, mar shampla, le téacs scolártha Neasa Ní Shéaghdha, *Tóraíocht Dhiarmada agus Ghráinne*, atá scríofa i nGaeilge atá dothuigthe don ghnáthdhéagóir, a bheith ar chúrsa na hArdteistiméireachta? Nó dánta atá le déanamh acu siúd atá i mbun céime le honóracha san ollscoil a bheith ar chúrsa na hArdteiste freisin? Cheapfadh duine gur ag iarraidh an dearg-ghráin a chothú sna scoláirí don léitheoireacht agus don teanga féin atá lucht ceaptha na gcúrsaí.

Ag éisteacht dúinn le leithéidí Ed Walsh agus na barbaraigh eile atá ag bualadh go tréan ar gheataí na Gaeilge le fada, agus iad ag craobhscaoileadh faoin gcur amú ama, dar leo, atá i múineadh na Gaeilge, bheadh sé an-éasca a cheapadh go mb'fhéidir go bhfuil an ceart acu agus go bhfuil sé chomh maith againn dearmad a dhéanamh ar an teanga go huile is go hiomlán.

Ach dá phráinní staid na Gaeilge sna scoileanna níl sé ródheireanach fós. Bhí, agus tá, go leor múinteoirí maithe ann a bhfuil grá acu don Ghaeilge agus a dhéanfaidh a ndícheall ar a son. Agus i ndeireadh na dála níl uainn dáiríre ach go ndéanfadh gach múinteoir a ghnó go gairmiúil ach na hacmhainní a chur ina lámha.

Tá ceist chrua amháin le freagairt ag an Roinn Oideachais anseo: An bhfuil siad ag iarraidh go n-éireodh le múineadh na Gaeilge? Má tá, is léir go gcaithfidh an Roinn polasaí oscailte leathanaigeanta a chur i bhfeidhm maidir leis an teanga agus maidir leis an léitheoireacht, go háirithe. Ba chóir dúinne, foilsitheoirí na Gaeilge, a thuigeann riachtanais na Gaeilge, seachas an dream nach dtuigeann tada ach an euro, a chinntiú go mbeadh na scórtha leabhar den scoth ar fáil do bhunscoileanna agus do mheánscoileanna araon. Chuirfeadh sé sin ar chumas na múinteoirí rogha a dhéanamh a rachadh go mór chun tairbhe don teanga.

AG SOLÁTHAR LÉITHEOIRÍ

Ach más amhlaidh nach bhfuil ann faoi láthair ach líon an-bheag de léitheoirí Gaeilge caithfear an cheist a chur: 'Cá as a dtiocfaidh siad amach anseo?'

Is é an tuairim atá agamsa go gcaithfidh lucht foilsithe na Gaeilge agus gluaiseacht na Gaeilge i gcoitinne díriú go práinneach agus go leanúnach ar cheist seo na léitheoirí má tá todhchaí ar bith le bheith i ndán don scríbhneoireacht Ghaeilge.

Chuige sin, caithfear a aithint i dtosach báire gur ceist ar leith í an léitheoireacht Ghaeilge agus nach ionann, go minic, cainteoir Gaeilge agus léitheoir Gaeilge. Dá mb'amhlaidh a bheadh, bheadh rath an-mhór ar fhoilsitheoireacht na Gaeilge! Tá aithne againn uile ar Ghaeilgeoirí den scoth atá páirteach in imeachtaí agus in eagraíochtaí Gaeilge ach nach léann focal sa teanga sin riamh, bíodh sé sin in irisí nó i nuachtáin; agus nár cheannaigh leabhar Gaeilge dóibh féin ó bhí siad ar scoil! Agus maidir le muintir na Gaeltachta, arb í an Ghaeilge a dteanga laethúil, ní léir ach oiread aon ródhúil a bheith acu sa léitheoireacht Ghaeilge, cé gur as an nGaeltacht do chuid de na scríbhneoirí is fearr agus is bisiúla dá bhfuil againn faoi láthair.

Ag labhairt dom le cuid de na scríbhneoirí sin agus le daoine atá bainteach leis an bhfoilsitheoireacht Ghaeilge is dóigh liom go bhféadfaí a rá go bhfuil siad den tuairim nach féidir mórán a dhéanamh go praiticiúil le léitheoirí a dhéanamh as daoine nach bhfuil an nós sin cothaithe agus múnlaithe iontu ó bhí siad an-óg.

Má ghlactar leis an méid sin, agus admhaím go mbíonn agus go mbeidh eisceachtaí ann i gcónaí, caithfear aghaidh a thabhairt ar an gceist ó thaobh eile ar fad. Táimse go láidir den tuairim go gcaithfear díriú ar an aos óg agus réimse leathan d'ábhar feiliúnach agus mealltach a chur ar fáil a spreagfaidh agus a mheallfaidh iad ón tús, sa chaoi is go bhfanfaidh siad ina léitheoirí Gaeilge nuair a fhágann siad an scoil.

Ar ndóigh, tagann leibhéil agus réimsí éagsúla léitheoireachta i gceist agus muid ag trácht ar an 'aos óg'. Tá réamhleabhair do pháistí beaga ann, mar shampla, agus leabhair shimplí a thaitneos leis an bpáiste nach bhfuil ach ag tosú amach mar léitheoir neamhspleách. Ach chomh maith le pictiúrleabhair den scoth, réimse a bhfuil freastal réasúnta maith air le tamall, is gá úrscéalta beaga a chur ar fáil do léitheoirí idir 8 agus 12 a chuirfeas ar a gcumas an chéim suas mhór sin a ghlacadh isteach sa déaglitríocht, áit a bhfuil méadú le sonrú freisin. Maidir le húrscéalta dá leithéid, is léir bearna mhór a bheith ann faoi láthair sa réimse seo, bearna a chaithfear a líonadh má táimid le teacht i dtír orthu siúd atá ag plódú isteach i nGaelscoileanna na tíre, thuaidh agus theas, agus lena chinntiú go bhfanfaidh cuid shubstaintiúil d'óige na Gaeltachta ina léitheoirí freisin. Ina dteannta siúd tig linn glacadh leis go mbeidh líon áirithe daoine óga eile ag teacht chun cinn i gcónaí tríd an ngnáthchóras oideachais, trí ógeagrais Ghaeilge agus ó chlanna Gaelacha. Is as na grúpaí seo uile a thiocfaidh lucht léitheoireachta na Gaeilge sna blianta atá romhainn.

CUR CHUIGE NUA

Caithfidh lucht riartha na foilsitheoireachta Gaeilge agus na foilsitheoirí iad féin é sin a aithint agus díriú go tréan ar fhorbairt an mhargaidh sin ar bhonn pleanáilte struchtúrtha. Caithfear na háiseanna is nua-aimseartha a úsáid, an tIdirlíon, CD-Romanna, téipeanna agus, ar ndóigh, sárfhoilseacháin lena chinntiú go gcuirfear bonn úr sláintiúil faoin léitheoireacht Ghaeilge. Is gá na mílte euro a chaitheamh ar phoiblíocht de chineál nua agus ar shárphacáistiú agus cur i láthair i siopaí leabhar, dream atá fós iontach drogallach maidir le leabhair Ghaeilge d'aoisghrúpa ar bith. Mar shampla, i gceann de phríomhshiopaí leabhar na Gaillimhe tamall ó shin – ní hé Siopa Leabhar Uí Chionnaith atá i gceist agam – thug mé cuairt ar sheastán na leabhar Gaeilge. Thug mé faoi deara go bhfuil spás níos lú ag na leabhair Ghaeilge sa siopa sin ná mar atá ag na hirisí craicinn ar nós *Playboy* agus araile. An bhfuil teachtaireacht ansin dúinn nó an léiriú eile é ar sheanmheon coilíneach an chomhlachta áirithe sin?

Ach le go ndéanfaí an méid sin ar fad go héifeachtach caithfear struchtúir úrnua a chur ar fáil sa tír seo maidir le dáileadh agus poibliú na leabhar atá ann agus margaíocht ghéar fhíochmhar ar bhonn leathan faoi stiúir daoine proifisiúnta.

Anois, chun eiseamláir den scoth den chineál córais atá i gceist agam a aimsiú, ní gá dúinn ach breathnú thar Muir Éireann ar ár gcairde sa Bhreatain Bheag. Tá beagán taighde déanta agam le tamall anuas faoin gcóras atá ansin agus go deimhin chuirfeadh sé iontas ar dhuine i gcomórtas lenár struchtúr féin.

Faoi Chomhairle Leabhar na Breataine Bige tá áit lárnach ag an dáileachán agus ag an margaíocht araon agus foireann de bhreis agus dhá scór ag obair go lánaimseartha ann. Astu sin tá 15 ag plé le dáiliúchán, beirt le deontais, mar atá i mBord na Leabhar Gaeilge, cúigear le seirbhísí eagarthóireachta agus dearthóireachta, deichniúr le margaíocht agus deichniúr ar leith le rannóg na bpáistí. Tá an-chaidreamh acu leis na scoileanna agus eagraítear cuairteanna ó scríbhneoirí, bileoga faoi leabhair nua agus araile. Cothaítear an léitheoireacht agus an scríbhneoireacht in éineacht.

Rud eile, tá cumann ar leith ina bhfuil na foilsitheoirí Breatnaise uile páirteach, rud a chuireann go mór le neart na foilsitheoireachta ansin. D'fhéadfadh duine bheith in éad leis an méid sin ar fad agus cé a thógfadh orainn dá gcuirfimis an cheist: An mbeadh ár dteanga Cheilteach féin agus go deimhin, foilsitheoireacht na Gaeilge, níos láidre anois dá mba faoi Rialtas na Breataine a bheimis?

MOLTAÍ

Mar bhuille scoir agus mar ábhar machnaimh, b'fhéidir, ba mhaith liom roinnt moltaí a chur os bhur gcomhair. Baineann an chéad cheann le hÁIS. Le rófhada tá ÁIS ag feidhmiú le foireann bheag dhíograiseach agus iad ag iarraidh míorúiltí a chur i gcrích d'fhoilsitheoirí agus scríbhneoirí na Gaeilge. Molaim an fhoireann reatha faoi Mhícheál Ó Ríordáin, agus molaim Diarmuid Ó Cathasaigh a chaith a oiread dúthrachta leis an obair sin thar na blianta. Agus molaim, go háirithe, Pádraic Ó Flatharta, an fear a bhfuil críocha Fódla taistealta aige lena chinntiú go mbeidh leabhair i nGaeilge le fáil ag an bpobal. Ach, a chairde, dá mba sa Bhreatain Bheag a bhí Pádraig, bheadh sé mar chuid d'fhoireann ollmhór agus é i mbun a chuid oibre.

Sílim go bhféadfaimis an cineál céanna dul chun cinn a dhéanamh anseo in Éirinn dá ndéanfaí Bord na Leabhar Gaeilge agus ÁIS a nascadh agus a neartú. Bheadh gá le foireann mhéadaithe, ar ndóigh, agus maoiniú dá réir. Ba cheart freisin na foilsitheoirí a tharraingt le chéile agus comhoibriú samhlaíoch a chothú eatarthu, seachas iad a bheith i gcomórtas lena chéile nó ag teacht salach ar a chéile. Ba chóir go mbeadh ár gcairde sa Ghúm dlúthpháirteach san fhorbairt sin. Má chuirtear a leithéid de ghrúpa le chéile ba mhaith an rud dá gcuirfí ar bun arís Clubleabhar nua-aimseartha do lucht léite na Gaeilge a sheolfadh amach go ráithiúil, b'fhéidir, rogha na bhfoilsitheoirí iad féin. Fiú mura mbeadh ach ceithre nó cúig chéad duine páirteach ina leithéid féach an cúnamh a thabharfadh sé don fhoilsitheoireacht Ghaeilge.

Ach thar rud ar bith eile is gá dúinn a admháil go bhfuil géarchéim ar leac an dorais mura bhfeidhmíonn muid anois. Ní dóigh liomsa gur leor dúinn mar fhoilsitheoirí glacadh le figiúirí ísle díolacháin feasta ar an ábhar go bhfuil Bord na Leabhar Gaeilge nó dream ar bith eile ann le cuidiú linn. Caithfimid féachaint chuige go rachaimid sa tóir ar léitheoirí feasta agus nach gcuirfear ar fáil dóibh ach na leabhair is fearr i cibé réimse ar a bhfuilimid ag freastal.

Ba cheart, mar sin, go ndéanfaí scrúdú ó bhonn ar chuile ghné den obair a dhéanann an Bord, ÁIS agus na foilsitheoirí, agus bunaithe air sin straitéis nó plean cúig bliana a leagan amach chun léitheoireacht na Gaeilge a neartú go ginearálta agus sna scoileanna, go háirithe, an scríbhneoireacht a chothú agus scríbhneoirí nua a earcú, agus margaíocht phroifisiúnta a chur i bhfeidhm ó cheann ceann na hÉireann. Ach plean comhaontaithe dá leithéid a bheith réidh againn ní fheicim go bhféadfadh aon Rialtas diúltú dúinn. Ní gá ach an obair a dhéanamh agus í a dhéanamh go proifisiúnta.

FOINSÍ

Ó Conghaile, M. agus Reaney, P. (eag.) (1999). *Fís agus Teanga*. Indreabhán.

Ó Raghallaigh, C. 'Léitheoireacht na Gaeilge a neartú, an dúshlán romhainn', in *Feasta*, Bealtaine, 2000.

Rialtas na hÉireann (1970). *Nuachúrsaí Gaeilge*. Baile Átha Cliath.

5

An Léitheoireacht i measc Déagóirí

Seosamh Ó Murchú

 *Tá Seosamh Ó Murchú ag obair sa Ghúm ó 1986 i leith mar a bhfuil sé anois ina Eagarthóir Sinsearach agus é freagrach as foilseacháin an tí sin agus as é a fhorbairt laistigh de dhualgais reachtúla Fhoras na Gaeilge. Go leor alt foilsithe aige in imeacht na mblianta ar chúrsaí litríochta, critice agus polaitiúla. Chaith trí bliana ina Eagarthóir ar an iris* Comhar *(1985-87). Duine de chomhbhunaitheoirí agus de chomheagarthóirí an irisleabhair* Oghma *(1988-98). Duine de bhunaitheoirí Raidió na Life i mBaile Átha Cliath. Rugadh i Loch Garman é.*

RÉAMHRÁ

Agus Alan Titley ag scríobh ina leabhar *An tÚrscéal Gaeilge* bhí an méid seo le rá aige agus a theanga ina phluc aige, mar is dual dó:

> D'fhéadfaí liosta a áireamh de na tréithe is ionúin le saineolaithe critice a fháil i litríocht do dhéagóirí, gan litríocht do pháistí a bhac in aon chor. Is minic a deirtear gur cheart go mbeadh litríocht do dhaoine óga (a) lán de ghníomhartha ó thús go deireadh, (b) scríofa i dteanga shimplí nach rachadh thar fhocail a mbeadh cleachtadh coitianta orthu, (c) cuid mhór comhrá ann chun an scéal a choimeád ag gluaiseacht, (d) scéal nó plota teann ann ionas nach dtiocfadh aon ní idir imeacht na hinsinte agus an léitheoir, (e) aithne cheart ag na léitheoirí ar an timpeallacht a bhfuil an scéal suite ann, agus (f) go ndéanfaí an léitheoir a chosaint ar na gnéithe is suaraí agus is táire agus is irísle agus uafásaí sa saol. Is é an t-aon locht a gheobhainnse ar aon liosta mar sin ná go bhfuil sé mícheart ó bhonn.
>
> (: 93)

Ainneoin go n-aontaím i gcoitinne lena bhfuil le rá ag Titley anseo ní

fhágann sin nach mbím mar fhoilsitheoir ag broic le soláthar éigin a
dhéanamh don 'aoisghrúpa' nó don aicme léitheoirí sin a dtugaimid
na 'déagóirí' orthu. Agus ar a shon sin is uile ní miste bheith macánta
agus a admháil go mbeadh liosta mar sin úsáideach go maith mar
shlat tomhais agus ábhar leabhair do na léitheoirí sin á mheas. Dá
mb'ann dóibh. Go bunúsach, is dóigh liom gur fánach bheith ag
iarraidh slata tomhais a cheapadh d'aoisghrúpa nach ann dóibh ach
inár n-aigne institiúideach féin. Sa Ghaeilge, déagóir is ea duine atá
aon bhliain déag d'aois agus is amhlaidh a fhanfaidh sé nó sí go
mbainfidh siad an scór amach. Is iomaí cor agus pian fáis agus
eispéireas corraitheach saoil a chuirfidh siad díobh in imeacht na
mblianta sin agus is iomaí cineál leabhar a léifidh siad san achar ama
sin – má léifidh siad leabhar ar bith seachas téacsanna éigeantacha na
scoile.

Is le déanaí, go deimhin, a d'fhéadfaí a mhaíomh a tháinig ann do
choincheap seo na leabhar do dhéagóirí sa Bhéarla. Ní cuimhin liom
é a bheith ann nuair a bhíos féin i mo dhéagóir nó léifinnse agus mo
chomhaosánaigh cineál áirithe leabhar an uair sin ach go n-áirítí iad
ina leabhair do dhaoine fásta – agus bhíodarsan éagsúil go maith lena
chéile freisin, idir úrscéalta Frederick Forsythe agus *Portrait* Joyce.
B'fhéidir snáitheanna áirithe ceangail a aimsiú eatarthu sin, is dócha,
ach féach nár chúram na bhfoilsitheoirí é sin.

Ach mar is iondúil is í an Ghaeilge féin, staid na léitheoireachta sa
Ghaeilge agus staid na teanga féin i gcoitinne a thugann orainn ábhar
den saghas seo a phlé agus aghaidh a thabhairt air. Déanaim amach
gur dream iad déagóirí nach léann mórán in aon chor seachas an
corrdhuine a mbítear ag magadh faoi. Tá cúiseanna maithe leis sin
nuair a chuirtear san áireamh an t-ualach mór léitheoireachta

oifigiúla a bhíonn orthu a luaithe a thosaíonn siad ar an meánscoil. Ní aon ionadh go mbeadh bealaí éalaithe eile seachas an leabhar á lorg acu tar éis a gcuid staidéir agus obair bhaile a dhéanamh.

I dtaca leis an nGaeilge de agus teirce na dtéacsleabhar atá ar fáil dóibh siúd atá ag foghlaim trí mheán na Gaeilge ní foláir a chur san áireamh gur dóichí gur laige a gcumas léitheoireachta sa Ghaeilge ná sa Bhéarla, fiú i measc na ndaltaí is fearr agus, dá leomhfainn a rá, i measc aos óg na Gaeltachta chomh maith.

Is féidir an dallamullóg a chur ar pháistí sna haoisghrúpaí níos óige go pointe trí chuma leabhar do dhaoine móra a chur ar leabhar atá an-simplí i ndáiríre.   Ach fiú ag an aois sin is minic deacrachtaí léitheoireachta a bheith ag páistí le pictiúrleabhar gan trácht ar leabhar a mbeadh raidhse mór cló ar gach leathanach ann.   Má bhraitheann déagóirí dua ag baint le gníomh na léitheoireachta ní chleachtfaidh siad í.

ÉAGSÚLACHT AGUS FAIRSINGIÚ

Ní chuirfear le líon léitheoirí na Gaeilge go dtí go mbeidh ábhar spéise múscailte i measc na ndaltaí agus spéis sa léitheoireacht go príomha. Dá réir sin, ní leor linn aon teorainn a chur leis an gcineál léitheoireachta a shamhlaímid leis na déagóirí.   Ní mór an scóip agus an réimse a fhairsingiú a oiread agus is féidir.   Cuimsíodh an léitheoireacht sin irisí faisin agus spóirt, páipéir nuachta, fógraí, leabhair eolais, greannáin, an tIdirlíon, blúirí eolais, CD-Romanna, fotheidil ar chláir theilifíse, chomh maith céanna le húrscéalta eachtraíochta.

Gach uile cheann de na meáin sin, baineann gné ar leith éigin den léitheoireacht dhíograiseach leo idir ábhar sásaimh agus pléisiúir, réimse agus raon focal, réim teanga, bhéarlagair, nathanna cainte, leibhéil éagsúla deacrachta maidir le comhréir agus struchtúr gramadaí, mar a phléitear leis an gcomhrá agus leis an gcaint dhíreach sa phrós-scríbhneoireacht nó san iriseoireacht, abair.

Tá éagsúlacht i gceist ó thaobh na léitheoirí de chomh maith – ní féidir plé le déagóirí sa Ghaeilge mar ghrúpa aonchineálach amháin. Ag an aois sin a mhúsclaítear spéis daoine óga in ábhair éagsúla, ábhair a leanfaidh siad díobh ar ball, b'fhéidir, ar an ollscoil agus mar sin de. An bhfuil sé ceart bheith ag smaoineamh i dtéarmaí aoisghrúpaí in aon chor? Nach ionann ábhar do dhéagóir seacht mbliana déag d'aois agus ábhar leabhair do dhuine fásta? Cad a chuirfeá ar fáil d'ógánach dhá bhliain déag d'aois? Cruthaíonn sé sin fadhb don fhoilsitheoir láithreach maidir le conas freastal ar líon ollmhór ábhar spéise agus leibhéil an-éagsúla cumais i measc na léitheoirí a bheadh agat. An féidir bunslat tomhais a úsáid chuige seo? Ní féidir. Chomh fada is a bhaineann leis an litríocht agus saothar cruthaitheach a fhoilsiú ní féidir ach aon slat tomhais amháin a bheith ann – an scéal a bheith suimiúil agus é inste ar bhealach mealltach cliste, an táirge liteartha a bheith críochnúil. Féachfaidh tú ina dhiaidh sin ar é a chur sa riocht is inghlactha ag an líon is mó daoine agus is féidir agus cúrsaí canúna agus uile á gcur san áireamh. Ní féidir le haon fhoilsitheoir amháin tránna uile na Gaeilge gan trácht ar na réimsí spéise ag déagóirí a fhreastal. Tá tábhacht dá réir sin ag baint le foilsitheoirí den scoth mar atá i gCló Iar-Chonnachta agus i gCois Life agus iad tosaithe ar ábhar éagsúil do dhéagóirí a fhoilsiú.

AN TÁBHAR FÉIN

An t-ábhar léitheoireachta atá ar fáil cheana, b'fhéidir a mhaíomh, dar liom, go bhfuil sé ró-urramach, róshábháilte, róthraidisiúnta, rómhór faoi anáil na ndaoine a chuireann ar fáil é. Laochra dea-chroíocha misniúla a mbíonn idir thírghrá agus shollúntacht sheanfhaiseanta ag gabháil leo is ea formhór na gcarachtar i gcuid mhaith dár foilsíodh le tamall de bhlianta anuas (ag an nGúm go háirithe!). Is léir cé na spriocanna atá curtha rompu ag na foilsitheoirí agus ag na húdair go minic agus is spriocanna teanga iad sin i gcás na Gaeilge cuid mhaith. Is gá déileáil le sprioc sin na teanga go tuisceanach cáiréiseach ach ní ceart í a chur chun tosaigh ar spriocanna fiúntais, scéalaíochta ná eile. Ní miste ábhar léitheoireachta do dhéagóirí a bheith easurramach, ainrialta, dúshlánach, fiúntach iontu féin. Inár gcásna sa Ghúm déarfainn go raibh de locht orainn go dtí seo go mbímis ag plé le hábhar do dhéagóirí ar an tslí chéanna a mbímis ag plé le hábhar do leanaí óga, ar bhonn teagascach, meicniúil nach mór. Is gá smaointeoireacht úr a bheith laistiar den chúram agus cuid mhaith taighde a dhéanamh i measc déagóirí a mbeadh caighdeán acmhainneach Gaeilge acu faoin gcineál ábhar a bheadh uathu agus mar sin de.

Ceaptar go coitianta nach foláir do na leabhair 'léitheoireachta' do dhéagóirí bheith i dtiúin nó ag freagairt ar bhealach éigin don bhailitheacht nó don *ennui* a bhaineann leis an aois sin. Ach b'fhéidir nach bhfuil ansin ach tuairim earráideach eile ag daoine fásta. Ceann de na torthaí ba shuimiúla ar cheardlann na ndéagóirí le linn na Fleá Léitheoireachta, a raibh an Siompóisiam faoin Léitheoireacht lena mbaineann an t-alt seo mar chuid de, ná go raibh siad bréan bailithe de scéalta faoi dhrugaí agus gur ar an léitheoireacht ghrinn a bhí a dtóir i ndáiríre!

Bhí tráth ann nuair a shásaigh eachtraí Réics Carló aos léitheoireachta na Gaeilge san aoisghrúpa sin. Thángthas ar fhoirmle ar éirigh go seoigh léi agus leanadh di go ceann tríocha éigin bliain. 120 leabhar le Cathal Ó Sándair a chuir an Gúm i gcló. Ceithre cinn in aghaidh na bliana a bhíothas a fhoilsiú leis nuair ba thréine an t-éileamh agus é i mbarr a réime. Cuireadh athchló faoi dhó laistigh d'aon bhliain amháin ar an gcéad leabhar leis, *Na Mairbh a d'fhill*, a foilsíodh i 1943.

Tá na laethanta sin imithe, is dócha. Ach is minic a rith sé liom nach bhfuil oidhre ceart aimsithe fós ar Chathal Ó Sándair ná, go deimhin, ar ghreann bearrtha an tSeabhaic agus Jimín nó na scéalta sin in *An Baile s'againne* ach oiread. Bhí idir shonntacht agus dhiabhlaíocht ag baint le cuid carachtar an tSeabhaic a bhí an-oiriúnach go deo do leanaí cuibheasach óg. Ní mór a admháil, áfach, go mbeadh sé deacair ar go leor déagóirí na leabhair sin, fiú, a léamh inniu toisc ardchaighdeán na Gaeilge atá iontu. B'fhiú go mór, mar sin féin, cuid de na sleachta sin as *Jimín* a úsáid dá mbeifí ag múineadh cheird na scríbhneoireachta d'aos na ndéagóirí. Is iontach an eiseamláir é ar conas abairtí gonta léiritheacha a chur le chéile.

Má tá ag teip chomh tubaisteach is a deirtear ar mhúineadh na Gaeilge sna scoileanna cén mhaith bheith ag caint ar léitheoireacht na Gaeilge a spreagadh i measc déagóirí? Ní foláir tosú leis an dream sin a bhfuil spéis éigin acu sa Ghaeilge agus ag an am céanna tógáil ar na réimsí spéise atá acu cheana féin. An focal scríofa a fhí isteach leis na meáin físe agus íomhácha a mbíonn siad chomh gafa leo.

MOLTAÍ

D'fhéadfaí i bhfad níos mó a dhéanamh ar son léitheoireacht na Gaeilge i gcúrsaí spóirt, réimse mór spéise ag an aos óg. Ach an dátheangachas ceart simplí a bheith i réim ar chláir na gcluichí ag CLG nó ag an FAI, b'fhéidir go leor daoine a mhealladh le dul i gcleachtadh nádúrtha na léitheoireachta Gaeilge. Próifíl ar na himreoirí mór le rá i nGaeilge abair, na scannáin a thaitníonn leo, an cineál bia, carranna, caitheamh aimsire agus araile a bheith i gclár oifigiúil gach cluiche craoibhe a imreofar i rith an tsamhraidh, abair. Chuirfeadh a leithéid le stór focal, le gnáthaíocht agus le stádas na Gaeilge i measc daoine óga. Ní theastódh chuige sin ach moladh dearfach éigin – agus cúpla pingin, b'fhéidir – a bheith curtha ina dtreo siúd a mbeadh sé ar a gcumas é a chur i gcrích.

Rud amháin atá faighte amach ag cuid againn a bhí ag plé le gnéithe éagsúla de chúrsaí teanga agus gluaiseachta le tamall ná nach mbíonn toradh a thuilleadh ar chaint ghinearálta, dá spreagúla í, faoin nGaeilge féin. Smaointe agus moltaí nithiúla fócasaithe, dá laghad iad, a bhíonn ag teastáil chun spriocanna agus cuspóirí réadúla a bhaint amach. Tá an oiread céanna tábhachta agus tionchair ag baint le comharthaíocht oscailte phoiblí a bheith le feiscint agus le léamh i nGaeilge ar aos óg na linne is atá ag an méid a chloisfidh siad agus a fhoghlaimeoidh siad faoin nGaeilge féin laistigh den seomra ranga.

UIRLISÍ

Tá gá le huirlisí léitheoireachta a thabhairt don aoisghrúpa sin. Is cuid de chúram mhúineadh na litríochta é sin. Ní foláir breis samhlaíochta a bheith ag gabháil leis na cúrsaí meánscoile chun suim sa léitheoireacht a spreagadh – a mhalairt atá ag titim amach i ndáiríre. Níor mhiste, i gcás na Gaeilge agus chúrsa na Gaeilge sa mheánscoil, féachaint le tuiscint a ghiniúint i measc na ndaltaí faoin litríocht, faoin sásamh is féidir a bhaint aisti. Ach ní mór, dá réir sin, go mbeadh ar chumas na múinteoirí an tuiscint agus an lé sin a spreagadh. N'fheadar an mbaintear aon leas as leabhrán Bhreandáin Uí Dhoibhlin, *Litríocht agus Léitheoireacht*, na laethanta seo ach ní fearr rud a dhéanfaí ach é sin a bheith ina threoirleabhar le haghaidh ranga sa chleachtadh léitheoireachta ag daltaí agus múinteoirí araon.   Níor ghá go mbeadh a leithéid de mhodúl teoranta do shaothair litearta mar a thuigtear go coitianta iad.   Ní gá ach oiread gur cleachtadh acadúil a bheadh i gceist, níor mhiste féachaint leis an gcur chuige acadúil agus le heispéireas mothálach na ndaltaí a phósadh. B'fhéidir é a shíneadh i dtreo an bhéaloidis, na hiriseoireachta agus na scríbhneoireachta don teilifís agus don raidió.   Oscailt súl an chéad chéim agus an chéim is bunúsaí agus is riachtanaí chun spéis sa léitheoireacht agus sa litríocht a mhúscailt.   Is eagal liom agus a bhfuil de bhéim anois á cur ar ghnéithe labhartha den teanga go mbeifear ag brú ghné na litearthachta i leataobh.   Más amhlaidh a bheidh ní fiú dúinne bheith ag cuimhneamh ar leabhair a chur i gcló do dhéagóirí feasta.

Is ionann an léitheoireacht a chothú i measc déagóirí agus fómhar an tsíl a chuirtear agus iad in aois na léitheoireachta neamhspleáiche den chéad uair.   Tosaíonn leanaí ar dhúil a chur i leabhair agus iad ina naíonáin ach is nuair a bhíonn cód na léitheoireachta scaoilte acu agus iad in aois a seacht nó ocht de bhlianta a bhláthaíonn a gcumas chun focail, abairtí, rainn agus sleachta próis a léamh agus taitneamh pearsanta a bhaint astu.   Ach an t-eispéireas agus an taithí sin a bheith dearfach go leor is féidir bheith cuibheasach cinnte go mairfidh an dúil sin sna leabhair agus sa léitheoireacht ar feadh a saoil.   An dúshlán atá ann ó thaobh na bhfoilsitheoirí agus na múinteoirí, oideachasóirí agus eile ná an soláthar ceart leabhar agus eolais a chur ar fáil dóibh ag na céimeanna éagsúla forbartha a bheidh i gceist ó aois a hocht go dtí ocht mbliana déag.   Níl aon dabht ach go bhfuil an soláthar mar atá faoi láthair bearnach agus easnamhach.

CLAONTUAIRIMÍ

Tá neart claontuairimí i gcoitinne i measc aos óg na Galltachta (fiú ina measc siúd atá ag freastal ar Ghaelscoileanna) faoi chumas na Gaeilge féin déileáil i gceart leis an saol comhaimseartha iarbhír. An dream, fiú, a bheadh tugtha don Ghaeilge bheadh amhras áirithe orthu faoin gceist seo. Baineann cuid de sin le meon na ndaoine san aois sin agus cuid de is ón saol mórthimpeall a shlogtar é. Cuid mhaith de, is de bharr a dheacra a bhíonn sé idir théacsanna agus ábhair scoile a láimhseáil agus a fhoghlaim trí Ghaeilge a thagann sé. Ní miste a rá go bhfuil an chlaontuairimíocht sin á ruaigeadh de réir a chéile, agus go leor dá bhuíochas sin ar TG4.

Ach agus sinn ag glacadh leis gurb ann don amhras, murab ionann agus an deargnaimhdeas, is féidir casadh ceart a bhaint as agus a chur ar a súile dóibh go bhfuil an Ghaeilge mar theanga láninniúil ar an saol freacnairce nó iar-nua-aoiseach a chur trí chéile. Tá na hiarrachtaí atá ar bun ag na foilsitheoirí Comhar agus Cló Iar-Chonnachta le moladh ar an ábhar sin. Más féidir dul i gcion ar an dream óg ar an mbonn seo bíonn an craiceann agus a luach agat, ar shlí, sa mhéid gur mó a spéis sa Ghaeilge agus sa léitheoireacht araon dá bharr.

Mar gheall air sin, áfach, braithim nár cheart cuid de na saothair is fearr a scríobhadh don ghnáthphobal nó do dhaoine fásta – gnáthúrscéalta agus mar sin de – a cheilt ar na déagóirí ach oiread; ba cheart iarracht a dhéanamh iad a chur ina láthair ar bhealach tarraingteach. Níor mhór cuid de na bacainní teanga a ghabhfadh leis sin a scaoileadh, ar ndóigh. Dheineamar féin sa Ghúm iarracht é sin a dhéanamh trí leagan simplithe den sárscéal *Dracula* a fhoilsiú tamall de bhlianta ó shin. Tá ag éirí go réasúnta leis sin. Ach in éagmais iarracht éigin ar a leithéid de thionscadal a bheith á chomhordú i gcomhar le scoil nó le hinstitiúid éigin eile a mbíonn caidreamh éigeantach acu le daoine óga is fánach an toradh fónta a bheidh air. Ní féidir leis na foilsitheoirí spéis sa léitheoireacht ná sa litríocht a mhúscailt ina n-aonar, go háirithe i gcás teanga mionlaigh. Ní aon chabhair é ach oiread an easpa margaíochta a dhéantar ar leabhair Ghaeilge.

Is gá an spreagadh a bheith ann i bhfoirm duaiseanna, comórtais, imeachtaí pobail agus idir scoileanna, ollscoileanna, fhoilsitheoirí, ghrúpaí léitheoireachta pobail, scríbhneoirí d'uile chineál, na meáin agus eile a bheith istigh air. D'éirigh go seoigh, de réir dealraimh, leis an Tionscnamh Náisiúnta Léitheoireachta do leanaí a ritheadh cúpla bliain ó shin. B'fhéidir nár mhiste a mhacasamhail a dhéanamh i gcomhair na ndéagóirí chomh maith ach a chuid teorainneacha a bheith i bhfad níb fhairsinge.

Ní foláir chomh maith aitheantas a thabhairt d'ábhair éagsúla spéise ag cailíní agus ag buachaillí san aois sin. Tá daoine ann thall is abhus – Siobhán Ní Shúilleabháin, Muireann Ní Bhrolcháin, Dónall Ó Cuill agus Iarla Mac Aodha Bhuí agus a leithéidí – agus iarrachtaí aonair déanta acu freastal air sin. Ach ní féidir a mhaíomh gurb ann do na seánraí éagsúla scríbhneoireachta sa Ghaeilge mar atá sa Bhéarla. Is ar éigean go bhfuil sé réadúil ach oiread bheith ag súil lena leithéid. Trí scéim mhór aistriúcháin amháin a chuirfí é sin i gcrích go praiticiúil. Sin mar a dhéantar é i dteangacha eile atá níos láidre ná an Ghaeilge ach nach mórtheangacha iad ach oiread – an tSeicis, an Ungáiris, an Danmhairgis, cuirim i gcás. Tá a gcuid scríbhneoirí dúchasacha féin acu ach déantar an t-uafás leabhar a aistriú ón mBéarla leis.

Is gá ról na múinteoirí, na scoileanna, agus go háirithe ról na Comhairle Náisiúnta Curaclaim agus Measúnaithe, a iniúchadh agus a mhíniú go háirithe maidir leis na réimsí roghnacha atá ar na cúrsaí scoile. Ba cheart cead isteach a bheith ag leabhair shuimiúla eolais agus staire, leithéidí *Daisy Bates* abair, ar na cúrsaí. Ní mór iarracht a dhéanamh an spéis a chur in áit an dua.

Ní miste a mheabhrú, leis, i dtaca le castacht an téacs agus mar sin de gur féidir teacht i gcabhair ar na léitheoirí trí ghluaiseanna agus foclóiríní a chur sna leabhair. Is féidir tabhairt faoi sin ar bhealaí difriúla mar atá léirithe sa tsraith de chuid an Ghúim (*Mná as an nGnáth, Iontais na hÉireann,* agus araile) a bhfuil gluais ar imeall an leathanaigh. Nó is féidir foclóirín a chur i ndeireadh an leabhair. Is fiú a fhiafraí go díreach de na léitheoirí iad féin cén cineál gluaise nó foclóirín a theastaíonn uathu.

RÓL NA SCRÍBHNEOIREACHTA

Mholfainn gur gá cúrsaí scríbhneoireachta agus léitheoireachta a bheith ceangailte le chéile faoi struchtúr forbartha éigin, go háirithe sa Ghaeltacht. Is minic a bhíonn an dá ghné fite fuaite ina chéile i measc daoine san aoisghrúpa seo. Is sna blianta sin nuair a bhíonn daoine ag teacht in inmhe is túisce a luíonn siad isteach ar an scríbhneoireacht nó, ar a laghad, a bhíonn siad sásta triail a bhaint aisti. Is beag duine, déarfainn, nár chuir peann cruthaitheach le pár agus iad cráite ag ceisteanna eiseacha a saoil nuair a bhí siad sé bliana déag agus iad ag iarraidh cruth fileata nó eile a bhualadh ar an anbhuain phearsanta sin a mhothaíodar.

Is gá go dtiocfadh an Ghaeilge i dtír ar an mian nádúrtha sin i measc déagóirí, is cuma olc, maith nó cuibheasach an toradh a bheidh air. Is fiú scéim na scríbhneoirí sna scoileanna a leathnú i gceart agus clár comhordaithe a bheith oibrithe amach idir na scoileanna Gaeltachta, na Gaelscoileanna agus pé scoil eile a mheasann gur fiú bheith páirteach ann agus scríbhneoirí a chuirfeadh ceardlanna agus mar sin de ar bun ina measc a fháil agus a íoc chun an cúram sin a ghlacadh orthu féin. Smaoineamh fiúntach é a mbeadh airgead ar fáil chuige ach tabhairt faoi.

FOINSÍ

Ó Doibhlin, B. (1973). *Litríocht agus Léitheoireacht.* Corcaigh.

Titley, A. (1991). *An tÚrscéal Gaeilge.* Baile Átha Cliath.

6

Cúrsaí Léitheoireachta agus Déagóirí na Gaeltachta

Máire Denvir

Tá Máire Denvir (Ní Chlochartaigh) ina Bainisteoir faoi láthair ar Choláiste Chamuis agus ina heagraí do Chomhar na Múinteoirí Gaeilge san Iarthar. D'oibrigh sí mar mhúinteoir sa Cheathrú Rua, i mBaile Munna agus i nGaillimh. Tá sí ina ball d'Eagraíocht na Scoileanna Gaeltachta. Ceapadh í mar ionadaí tuismitheoirí ar an gComhairle um Oideachas Gaeltachta agus Gaelscolaíochta. Rugadh í i gCamus, agus tá cónaí anois uirthi in Indreabhán.

Tá stair fhada ag fadhbanna oideachais na Gaeltachta ach tá solas beag, b'fhéidir, ag fíor na spéire faoi dheireadh thiar thall. Tá an tAcht Oideachais ina dhlí anois agus tá comhlacht nua reachtúil faoi Mhír 31 den Acht sin ar a nglaoitear 'An Chomhairle um Oideachas Gaeltachta agus Gaelscolaíochta' bunaithe ag an Oireachtas. Go deimhin, b'ar thairseach an tSiompóisiam faoi chothú na léitheoireachta sa Spidéal a tháinig an Chomhairle le chéile den chéad uair in Óstán an Shelbourne, Baile Átha Cliath, áit ar thug an tAire Oideachais agus Eolaíochta, Mícheál Ó hUadhaigh, a bheannacht di. Beidh an Chomhairle ag obair faoi stiúir an chathaoirligh, Breandán Mac Cormaic, agus ní bréag ar bith a rá go bhfuil obair na gcapall amach roimhe féin agus roimh an dá bhall is fiche atá ainmnithe ar an gComhairle sin.

Is é mórfhadhb an oideachais Ghaeltachta, dar liom, gur breathnaíodh i gcónaí ar oideachas an pháiste a tógadh le Gaeilge agus ar oideachas an pháiste a tógadh le Béarla díreach mar a chéile, gurb é an tslat tomhais a bhí riamh ann ná riachtanais lucht an Bhéarla. Ba mar a chéile an téacs Béarla agus an téacs Gaeilge a leagadh os comhair pháiste Bhaile Munna, na hAirde Thiar, Chathair Luimnigh, Lár Laoise nó Ghaoth Dobhair. Ní raibh oiread na fríde de dhifríocht eatarthu. D'fhág sé sin gasúir na Gaeltachta ag brath den chuid is mó ar leabhair Bhéarla nár thuigeadar i gceart agus ar leabhair Ghaeilge nárbh fhiú dóibh iad a iompar abhaile ón scoil, mar nach raibh siad ag freastal dubh, bán ná riabhach ar a gcumas teanga ná ar a dtaithí saoil.

Go dtí gur tháinig an saoroideachas isteach sna 1960í, ba ríbheagán de dhéagóirí na Gaeltachta ar cuireadh oideachas dara leibhéal orthu ar chor ar bith. Rinne beagán acu freastal ar na ceardscoileanna go dtí go ndearna siad an Mheánteist agus d'fhág cuid eile acu (an chuid ba mheabhraí, nó ba shaibhre, b'fhéidir) an baile le freastal ar scoileanna cónaithe nó ar na coláistí ullmhúcháin sna 1950í agus sna 1960í. Ba mhinice aghaidh an ghnáthdhéagóra Gaeltachta ar an mbád bán go Sasana nó ar oifig phas Mheiriceá ná ar gheata na scoile. Le teacht an tsaoroideachais d'athraigh na cúrsaí seo ar fad. Mhéadaigh líon na scoileanna – idir cheardscoileanna, mheánscoileanna, scoileanna cuimsitheacha agus scoileanna pobail – ar fud na Gaeltachta. Má tháinig méid agus forbairt féin ar na scoileanna, áfach, níor díríodh i gceart ar ábhar foghlama a chur ar fáil i nGaeilge dhúchasach nádúrtha na ndéagóirí. De réir mar a bhí na blianta ag dul ar aghaidh is in olcas a chuaigh an fhadhb.

Timpeall na bliana 1983 ba léir do bhuíon múinteoirí i gConamara go raibh fadhb mhór ag oideachas na Gaeltachta agus d'fhoilsigh Comhar na Múinteoirí Gaeilge cáipéis dar teideal *Bunoideachas trí Ghaeilge sa Ghaeltacht*. Bhí an-chuid moltaí a d'fheabhsódh oideachas na Gaeltachta sa cháipéis sin. Cúig bliana ina dhiaidh sin, d'fhoilsigh an Roinn Oideachais tuairisc ar obair chomhchoiste idir Roinn na Gaeltachta, Údarás na Gaeltachta agus an Roinn Oideachais maidir leis an ábhar céanna. Bhí riar mór moltaí sa tuairisc seo a chuirfeadh an-fheabhas ar chúrsaí agus ar sheirbhísí a bhí ag teastáil go géar deacair sna pobail Ghaeltachta; ach ní dhearna an Roinn Oideachais faic faoi na moltaí sin a chur i bhfeidhm. Dá dtabharfaí aird ar mholtaí an dá thuairisc sin creidim go daingean nach mbeadh muid sa bhfaobhach ina bhfuilimid ó thaobh oideachas na Gaeltachta de. In áit féachaint le straitéis úrnua don Ghaeilge a chur ar fáil, fágadh scoláirí, múinteoirí agus tuismitheoirí i muinín na seantéacsleabhar Béarla agus seanbhealaí foghlama a bhí as dáta le blianta in áiteanna eile sa tír. Fuair na scoileanna gléasanna físe ach ní raibh aon fhístéip as Gaeilge ar fáil do na hábhair a bhí ar an gcuraclam. Ar ndóigh, tá neart airgead ríomhairí á chur ar fáil faoi láthair, ach fós féin cá bhfuil an diosca nó an bogearra as Gaeilge a fhreastalóidh ar an bpáiste arb í an Ghaeilge a mháthairtheanga agus a dhaingneoidh an Stair nó an Tíreolaíocht nó an Eolaíocht nó eolas imshaoil trí Ghaeilge ina mheabhair? An iontas ar bith é go bhfuil déagóirí na Gaeltachta imithe ar an mBéarla?

Is dócha gurb é an iarraidh a mharaigh an mhuc ná foilsiú an pháipéir bháin ar chúrsaí oideachais i mí an Mheithimh 1995 a thug cluas bhodhar d'iarratas lucht na Gaeltachta agus na Gaeilge ar bhord oideachais a dhéanfadh freastal ar a gcuid sainriachtanas féin. D'ainneoin go raibh sé glactha ag Rialtais éagsúla, anuas trí na blianta, gur áit speisialta le tábhacht náisiúnta ar leith agus deacrachtaí áitiúla ar leith í an Ghaeltacht, ní raibh plean ná sprioc ag an Roinn Oideachais ná ag an Aire Oideachais maidir leis an oideachas trí Ghaeilge. I ngeall ar an bhfaillí seo, tionóladh ollchruinniú in Óstán an Dóilín ar an gCeathrú Rua, i mí Dheireadh Fómhair 1995. Bhí slua mór i láthair agus gan acu ach aon éileamh amháin, mar a bhí, Bord Oideachais don Ghaeltacht agus do na scoileanna lán-Ghaeilge. Rinneadh stocaireacht ghéar ina dhiaidh sin ar Airí agus ar Theachtaí Dála agus coinníodh súil ghéar ar gach a raibh ag tarlú san oideachas. D'oibrigh Eagraíocht na Scoileanna Gaeltachta in éineacht le Gaelscoileanna agus le Comhdháil Náisiúnta na Gaeilge chun Mír 31 den Acht Oideachais a bhaint amach. De bharr na míre sin, den chéad uair riamh, tá sainiú déanta ar ról na scoileanna Gaeltachta. Beidh ar na scoileanna cabhrú le hinmharthanacht agus le buanú na teanga i gceantair Ghaeltachta agus as seo amach beidh ról acu i gcosaint agus i bhforbairt na teanga. Dá réir sin, caithfidh sé go mbeidh dualgas reachtúil ar an gcóras Stáit a chinntiú go mbeidh seirbhísí tacaíochta ar fáil a bheas feiliúnach do na scoileanna Gaeltachta. Tá struchtúr oideachais le teacht anois. Céard leis a bhfuilimid ag súil? Táimid ag súil le struchtúr a dhéanfaidh freastal ar pháistí na Gaeltachta ina dteanga féin agus a chuirfidh seirbhís tacaíochta ar fáil do na scoileanna ó thaobh:

- Leagan amach agus forbairt curaclaim;
- Seirbhís a dhéanfaidh pleanáil agus comhordú ar sholáthar acmhainní teagaisc agus téacsleabhar chun gur féidir an curaclam scoile a mhúineadh i gceart agus go críochnúil;
- Seirbhís síceolaíochta;
- Seirbhís a dhéanfaidh taighde teangeolaíochta agus oideachais;
- Seirbhís a chuirfidh áiseanna múinteoireachta feabhais ar fáil;
- Seirbhís a bhreathnóidh i ndiaidh réamhoiliúint múinteoirí chomh maith le seirbhís cheart inghairme a chur ar fáil i nGaeilge;
- Seirbhís leabharlainne.

Gan amhras ar domhan beidh obair mhór roimh an gComhairle nua mar má bhreathnaítear ar chomhluadar scoile ar bith sa nGaeltacht faoi láthair gheobhfar meascán mearaí ceart ó thaobh cúlra teanga agus deacrachtaí eile. Ag seo thíos próifíl teanga na gnáthscoile Gaeltachta:

- Béarlóirí le tuismitheoirí gan Ghaeilge;
- Béarlóirí le tuismitheoirí ón nGaeltacht;
- Gasúir eachtrannacha le teangacha eile seachas Gaeilge agus Béarla;
- Gasúir le Gaeilge agus Béarla ar comhchaighdeán;
- Gasúir le Gaeilge ar ardchumas nó mar phríomhtheanga;
- Gasúir le heaspa tacaíochta don Ghaeilge sa bhaile;
- Tuismitheoirí Gaeltachta imníoch faoi chumas Béarla a bpáistí;
- Easpa áiseanna agus téacsleabhar feiliúnach;
- Líon mór bunscoileanna scaipthe ar easpa acmhainní agus seirbhísí tacaíochta; agus líon mór scoileanna aon agus dhá oide;
- Deacrachtaí ag iarraidh bheith ag déileáil le réimse leathan cumais;
- Meascán aoisghrúpaí agus réimse leathan i gcumas teanga;
- Gan aon soláthar ar leith i gcúrsaí na gColáistí Oideachais dírithe orthu siúd a bhíonn ag múineadh i mbunscoileanna Gaeltachta;
- Easpa córais struchtúrtha sa réamhscolaíocht agus sa bhunscolaíocht chun dul i ngleic le fadhbanna teanga, sula sroicheann daltaí an iarbhunscoil.

Aisteach go leor, d'fhéadfaí a rá ar bhealach amháin go gcuidíonn an scoil le gasúir nach mbíonn cumas maith Gaeilge acu ag teacht chun na scoile dóibh, cur leis an gcumas Gaeilge sin sa mbealach is go mbíonn Gaeilge réasúnta maith acu ag fágáil na scoile dóibh. Tá sé seo soiléir ó staitisticí daonáirimh 1996 a léiríonn go raibh Gaeilge ag 51% de pháistí na Gaeltachta idir 3 agus 4 bliana d'aois ach go n-ardaíonn an céatadán sin go dtí 80% don ghrúpa idir 5 agus 9 mbliana d'aois. Go rímhinic i nGaeltacht an lae inniu, is iad na páistí ar thosaigh a muintir ag labhairt Gaeilge leo nach dtagann ach fíorbheagán forbartha nó feabhais ar a gcumas Gaeilge de bharr nach dtugtar a ndúshlán ó thaobh saibhreas teanga agus ábhair a spreagfadh iad agus a shínfeadh a n-acmhainn teanga agus samhlaíochta.

Tá géarghá le hábhar substaintiúil a chur ar fáil sa nGaeilge féin do pháistí a thógtar le Gaeilge. In eagarfhocal san iris *Comhar*, scríobh an Dr Caoilfhionn Nic Pháidín 'go raibh foilsitheoireacht na Gaeilge faoi bhláth ach go raibh sí gan treoir' agus lean sí uirthi á dhearbhú:

... nach raibh ach gné amháin den fhoilsitheoireacht i nGaeilge a íocann aisti féin ar bhonn gnó. Is é sin foilsiú téacsleabhar Gaeilge chun Gaeilge a mhúineadh sna scoileanna.

(*Comhar*, Aibreán 1980)

Is deacair gan aontú léi, ach cá bhfágann sé sin ceist téacsleabhar feiliúnach sa nGaeltacht? Faoi láthair, cén t-ábhar léitheoireachta atá ag Rang 6 i mbunscoileanna na Gaeltachta? I gConamara ar aon nós, tá ranganna anseo agus ansiúd ag baint úsáide as *Foinse* mar ábhar léitheoireachta. Go minic, bíonn an t-ábhar rófhásta dóibh agus gan é feiliúnach mar ábhar dá n-aoisghrúpa. Níl téacsleabhar scríofa go fóill atá feiliúnach le hábhar tarraingteach agus oiriúnach dá n-aoisghrúpa agus Gaeilge shaibhir ann. Glúin nó dhó ó shin léigh muidne *Cúdar, Cumhacht na Cinniúna, Ó Pheann an Phiarsaigh, Jimín Mháire Thaidhg*, ábhar a bhí feiliúnach do ghasúir na tuaithe ag an am. Bhí muid an-tógtha le Jimín agus an gandal, nó bhí trua againn do Nóra Chóil Mharcais. Bhí Gaeilge bhreá shaibhir dhúchasach sna leabhair sin.

Is cinnte gur pobal an-difriúil é pobal óg na Gaeltachta inniu le hais phobal na 1950í, na 1960í, agus na 1970í. Seo iad glúin an ríomhaire, glúin an Idirlín, agus an ghlúin atá go síoraí ag brú cnaipí ar an bhfón póca. Ina dhiaidh sin féin, caithfear ábhar léitheoireachta a chur ar fáil sa nGaeilge dóibh a mbeidh saibhreas teanga agus ábhair ann a spreagfaidh iad chun léitheoireachta agus a shínfidh a n-acmhainn teanga agus samhlaíochta araon má tá an Ghaeilge le bheith mar theanga a mbeidh meas acu uirthi. Sa bhliain 1999 rinne Brian Ó Baoill taighde san iris *Feasta* i measc déagóirí maidir le hábhar léitheoireachta do dhaoine óga sa nGaeltacht ar mhaithe le siamsaíocht. Fuair sé amach gur sraitheanna ar nós *Sweet Valley High, Sabrina the Teenage Witch, Goosebumps, Nancy Drew*, saothar Roald Dahl, Enid Blyton, Judy Blume, Anne Frank, nó *Playstation Total, Horrible Histories, Harry Potter* is mó a bhfuil dúil acu iontu, agus nuair a éiríonn siad níos sine, saothar leithéidí J.R. Tolkien, Stephen King agus John Grisham. Sa suirbhé céanna deir Ó Baoill go bhfuair sé amach nach léann na déagóirí Gaeltachta i nGaeilge mar, 'Níl na scéalta go maith. Níl *horror* agus rudaí mar sin iontu', agus 'Ní bhíonn na leabhair i nGaeilge suimiúil'. Aon duine againn atá ag tógáil clainne, nó a bhfuil déagóirí faoinár gcúram, caithfidh muid aontú le suirbhé Uí Bhaoill. Tá rud amháin cinnte, ar aon nós, is é sin nach gcuirfidh siad suas le hábhar atá leadránach agus seanfhaiseanta.

Mura bhfaigheann páistí agus déagóirí na Gaeltachta blas ceart ar an léitheoireacht mar chaitheamh aimsire i nGaeilge nó i mBéarla ó aois an-óg, seans maith nach ndrannfaidh siad leis an léitheoireacht nuair a bheidh siad níos sine, go háirithe le léitheoireacht na Gaeilge. Deir Fionnuala Nic an Bhaird, in alt dar teideal 'Ag foilsiú don óige' san iris *Comhar*, go mba chóir go dtabharfaí tús áite do na páistí Gaeltachta agus do na páistí eile a bhfuil Gaeilge agus léitheoireacht na Gaeilge go líofa acu. Tugadh cluas bhodhar do phort Fhionnuala agus ní hé amháin nach iad déagóirí na Gaeltachta an chloch is mó ar an bpaidrín i gceist na foilsitheoireachta, ach is cosúil nach bhfuil a fhios acu ach ar éigean gurb ann dóibh.

É sin ráite, tá creidiúint mhór ag dul do Ghaeil Uladh sa réimse seo mar go bhfuil siadsan ag streachailt ag cur ábhar léitheoireachta ar fáil ina gcanúint féin do pháistí agus agus do dhéagóirí Thír Chonaill agus Thuaisceart Éireann le 20 bliain anuas. Tá obair bhreá ar bun ag Áisaonad Bhéal Feirste chomh maith agus, ar ndóigh, tá éacht oibre déanta ag Cló Iar-Chonnachta. Tá obair fhiúntach ar bun ag Cló Mhaigh Eo, agus tá roinnt oibre déanta freisin ag Cló Uí Bhriain agus ag Cois Life agus, ar ndóigh, ní féidir dearmad a dhéanamh ar an nGúm. Ainneoin a ndíchill uile, áfach, maireann na mórfhadhbanna.

Go traidisiúnta is lucht inste scéil agus lucht béaloidis iad pobal na Gaeltachta agus níl traidisiún mór léitheoireachta againn. Go deimhin, ní raibh leabharlann cheart i nGaeltacht Chonamara ó Charna thiar nó gur shroich tú an Spidéal ó na 1970í i leith go dtí le dhá bhliain anuas nuair a osclaíodh an leabharlann bhreá nua ar an gCeathrú Rua. Ceart go leor, bhí an leabharlann taistil ann ach cá mhéad leabhar Gaeilge a bhí acu a bhí feiliúnach do dhéagóirí an lae inniu? Nuair a bhí mé ag réiteach an ailt seo thug mé cuairt ar an

Leabharlann an Chontae i nGaillimh, agus i ndáiríre bhí díomá an tsaoil orm mar go gcomhairfeá ar do dhá láimh an méid leabhar Gaeilge a bhí ar fáil. Seilf bheag amháin díobh a d'aimsigh mé, leabhair filíochta den chuid is mó, *An Punk* le Ré Ó Laighléis agus cúpla leabhar le hIarla Mac Aodha Bhuí ina measc. Ba mheasa fós an scéal sna siopaí leabhar i gcathair na Gaillimhe, gan trácht ar shiopaí na Gaeltachta.

Céard is féidir a dhéanamh chun daoine óga a mhealladh i dtreo na léitheoireachta? Má tá daoine óga chun Gaeilge a léamh, caithfear, ar an gcéad dul síos, téacsleabhair chearta, spéisiúla Ghaeilge a chur ar fáil ar na cúrsaí scoile ag an mbunleibhéal agus ag an dara leibhéal oideachais chun nós na léitheoireachta a chothú. Leagfaí bunchloch don léitheoireacht sa gcaoi sin. Ina dhiaidh sin, caithfear sraitheanna leabhar a léifear ar son na siamsaíochta agus an chaithimh aimsire a chur ar fáil, iad spéisiúil spreagúil ó thaobh an ábhair agus ar ardchaighdeán ó thaobh dearaidh agus cur i láthair.

Caithfear freisin díriú ar mhargaíocht agus caithfear córas ceart fógraíochta agus dáiliúcháin a bhunú le go mbeidh seans ag na leabhair Ghaeilge dul i gcoimhlint sa margadh leis na leabhair Bhéarla. Caithfear breathnú ar dháileadh leabhar Gaeilge mar sheirbhís do phobal na Gaeltachta agus don Ghaeilge. Ní gnó é a dhéanfaidh brabach go brách, is dócha, ach tá go leor seirbhísí eile ar fáil sa tír seo nach ndéanann brabach ach an oiread. Ní leor catalóga a chur ar fáil, cé go bhfuil siad an-úsáideach. Caithfear úsáid a bhaint as na meáin, go háirithe as an teilifís, chun an fhógraíocht seo a dhéanamh. Céard faoi fhógra faoi leabhair Ghaeilge roimh nó i ndiaidh clár mar *Pop Stars*? Maidir le bealaí níos traidisiúnta a thriail, d'fhéadfaí tríocha cóip de shraith leabhar a chur ar fáil do Ranganna 4, 5 agus 6 sa bhunscoil agus don chéad agus don dara bliain san iar-bhunscoil. D'fhéadfaí duaiseanna a chur ar fáil do na páistí / déagóirí is mó a léifeadh leabhair gach mí. D'fhéadfaí ciorcail léitheoireachta, seimineáir, ceardlanna agus féilte scríbhneoireachta a eagrú. D'fhéadfaí cófra gloine a chur i bpasáiste feiceálach i ngach scoil sa nGaeltacht le taispeántas leabhar ann. Chosnódh sé seo ar fad airgead. D'fhéadfadh Údarás na Gaeltachta, nó an Roinn Gnóthaí Pobail, Tuaithe agus Gaeltachta cabhrú le cúrsaí mar seo. B'fhéidir nach ndéanfá léitheoir ach as duine as gach 30, ach níor bheag sin i gcomhthéacs na Gaeilge, b'fhéidir. Rud eile de, cén fáth nach mbaintear níos mó úsáide as Seachtain na Leabhar go náisiúnta faoi Shamhain agus leabhair Ghaeilge a chur os comhair na ndaoine óga?

Ach fiú dá mbeadh seo ar fad déanta, an mbeadh gach rud i gceart? Creidim nach mbeadh. Caithfear taighde agus anailís a dhéanamh d'fhonn teacht ar ábhar a thaitneodh le hóige na Gaeltachta. Caithfear meas a thaispeáint ar thuairimí na ndaoine óga féin. I ndeireadh na dála, nach iad siúd atá lárnach don phróiseas seo ar fad. Caithfear tuilleadh scríbhneoirí a aimsiú chun na bearnaí atá sa soláthar leabhar Gaeilge a líonadh. Tá sé blianta fada ó mhol mé féin ag cruinniú a bhí ag Eagraíocht na Scoileanna Gaeltachta go gcuirfí comórtais scríbhneoireachta ar bun chun go n-aimseofaí Enid Blyton nó Roald Dahl na Gaeilge. Ba mhaith liom an rud céanna a mholadh arís anseo.

Ach ní leor na scríbhneoirí a aimsiú. Caithfear iad a chothú agus greim a chur ina mbéal. D'fhéadfaí poist fhiúntacha le pá ceart a chur ar fáil dóibh chun sraitheanna tarraingteacha leabhar do dhaoine óga a chur ar fáil. Sa mbealach sin, d'fhéadfaidís luí isteach ar an scríbhneoireacht. Níl cúis ar domhan nach bhféadfadh Bord na Leabhar Gaeilge nó an Rannóg Chultúir in Údarás na Gaeltachta bualadh faoi dhúshlán mar seo.

Má bhreathnaítear ar Chomórtais liteartha Oireachtas na Gaeilge don bhliain 2001 b'fhéidir go bhfuil ceacht ann dúinn. Ar an gcéad dul síos bhí trí chomórtas ann do dhaoine óga agus duaiseanna de £2,500 astu urraithe ag Bord na Leabhar Gaeilge. Chuir 40 scríbhneoir isteach ar na comórtais seo. San aoisghrúpa 9-12 bhí 23 iarratas ann agus san aoisghrúpa 13-15 bhí 12 iarratas acu. San aoisghrúpa 15-17, áfach, ní raibh ann ach 6 iarratas ar fad. Seo an t-aoisghrúpa is mó, gan dabht, a bhfuil an fhadhb leo. Ní léann siad faic i nGaeilge, ach meas tú cén fáth?

Má thógann lucht na Gaeilge sampla an scannáin *Lord of the Rings*, tá ceacht le foghlaim againn. De bharr go raibh an scannán ar fáil roimh Nollaig na bliana seo, ní raibh cóip den leabhar le fáil ar ór ná ar airgead i siopaí leabhar na Gaillimhe. Bhíodar díolta amach. Tá gasúir nár léigh leabhar Gaeilge ná Béarla riamh ina saol ag léamh an leabhair sin faoin bpluid ó shin i leith, bhíodar chomh tógtha sin leis an bhfantaisíocht ar fad. Ní fál go haer é scannán a dhéanamh de leabhar Gaeilge i nGaeltacht an lae inniu. Nuair a aimseos muid an leabhar a gheobhas greim ar aigne dhéagóirí na Gaeltachta, beifear in ann scannán a dhéanamh chomh héasca céanna. Amach romhainn atá na dúshláin seo ar fad agus mura ndéanfar gníomh go luath beidh thiar ar léitheoireacht na Gaeilge, agus ar an teanga chomh maith.

FOINSÍ

Comhar na Múinteoirí Gaeilge (1983). *Bunoideachas trí Ghaeilge sa Ghaeltacht.* Baile Átha Cliath.

Nic an Bhaird, F. 'Ag foilsiú don óige', in *Comhar*, Aibreán 1980.

Nic Pháidín, C. 'Inné, Inniu agus Amárach', in *Comhar*, Aibreán 1980.

Ó Baoill, B. 'Spraoiléitheoireacht do dhaoine óga', in *Feasta*, Bealtaine 1999.

CUID 2: LITEARTHACHT

7

'Cén Fáth Nach?' – Ó Chanúint go Críól

Caoilfhionn Nic Pháidín

Stiúrthóir FIONTAR, *Ollscoil Chathair Bhaile Átha Cliath is ea an Dr Caoilfhionn Nic Pháidín ó 1999 i leith. Aonad trasdisciplíneach lán-Ghaeilge is ea* FIONTAR *a reáchtálann an* BSc i bhFiontraíocht le Ríomhaireacht nó Gaeilge Fheidhmeach *agus an* MSc/Dioplóma do Chéimithe i nGnó agus i dTeicneolaíocht an Eolais. *Chaith sí fiche bliain roimhe sin i mbun taighde agus foilsitheoireachta in Acadamh Ríoga na hÉireann, An Gúm,* The Irish Times *agus* Comhar. *Bhunaigh sí féin agus an Dr Seán Ó Cearnaigh an comhlacht foilsitheoireachta, Cois Life, i 1995, chun saothair liteartha agus taighde a fhoilsiú i nGaeilge. Bhí sí ina ball de Choimisiún na Gaeltachta 2000-2002.*

RÉAMHRÁ

Díreoidh mé san alt seo ar roinnt saincheisteanna a bhfuil tionchar lárnach acu ar chothú na litearthachta Gaeilge agus ar chleachtadh na léitheoireachta:

- an comhthéacs stairiúil agus staid reatha na litearthachta;
- mianach na teanga labhartha comhaimseartha agus an bac ar litearthacht dá bharr – éirim an teidil thuas;
- freagairt nó neamhfhreagairt earnáil na foilsitheoireachta lenár linn.

Is gá cuimhneamh ar dtús ar nádúr na litearthachta Gaeilge, mar is ag díriú ar 'léamh agus scríobh' atáimse go príomha san alt seo. Is féidir a áiteamh gur bunús earráideach nó neamhiomlán é sin, áfach, go háirithe i gcás na Gaeilge. Tá litearthachtaí eile ann, agus meáin chumarsáide eile, a bhaineann leis an bhfocal béil, le healaín agus le léiriú físiúil. Tá gnéithe de na litearthachtaí sin níos nádúrtha agus níos bisiúla sa Ghaeilge féin agus níos oiriúnaí ar a lán bealaí do chumarsáid na haimsire seo atá bunaithe cuid mhór ar íomhánna seachas ar fhocail. Féachaimis ar leagan amach fógraí agus treoracha idirnáisiúnta ar láithreáin phoiblí, cuir i gcás. Agus dearbhóidh aon mhúinteoir iarbhunscoile go bhfuil an ceartlitriú i ngach teanga á threascairt na laethanta seo ag síorthéacsáil fón póca na n-óg.

Agus i gcás an fhocail scríofa féin, is féidir a áiteamh gur tuiscintí seachtracha ar litearthacht atá buailte anuas againn ar an nGaeilge cuid mhaith, ar mó an bhaint atá ag cuid díobh le cultúr Dickens nó *The Wind in the Willows* ná le mianach bunaidh na Gaeilge.

AN COMHTHÉACS STAIRIÚIL

Na dúshláin atá os ár gcomhair amach, bhí siad féin nó leagan éigin díobh ann riamh i gcás na Gaeilge. Ní raibh aicme na léitheoirí Gaeilge riamh rólíonmhar. Tá litríocht na Gaeilge breac le cásamh agus le hachainí na bhfilí: 'A mhic, ná meabhraigh éigse' ag Mathúin Ó hIfearnáin, agus 'Trua ar chaitheas le healaín, gan é inniu ina éadach' ag Ó Bruadair. Cúinsí anróiteacha eile a d'fhág Raiftearaí ag 'seimint ceoil do phócaí folmha' agus, lenár linn féin, thug an Ríordánach tearmann príobháideach na dialannaíochta air féin mar réiteach ar uaigneas an ealaíontóra scoite agus ar neamhaird an phobail.

Tá athbhreithniú stairiúil an-tábhachtach chun an staid reatha a chur i gcomhthéacs. Chrap an teanga féin ag tráth criticiúil – agus an oll-litearthacht ag fréamhú sna mórtheangacha ag deireadh an naoú haois déag. Tá mionphlé ar na príomhbhacanna a bhain le fréamhú na litearthachta Gaeilge sa chaibidil 'Ciorclaíocht agus Pobal' (Nic Pháidín). Thug ailtirí na hathbheochana faoin gcinniúint a throid, ag aithint scóip an dúshláin a bhí rompu. Bhí an sliocht seo in eagarfhocal in *Fáinne an Lae* (*FL*):

> Tá Gaedhilg ag sé céad míle nó ag seacht gcéad míle do dhaoinibh
> in Éirinn. Tá deichneabhar is fiche aco dall ar an nGaedhilge in
> aghaidh gach aon duine atá ábalta ar í a léaghadh … Is olc an
> comhartha orainn an oiread daoine atá ann, agus Gaedhilg agus
> Béarla araon acu, go léigheann siad an Béarla agus nach léigheann
> siad an Ghaedhilg.

(*FL* 15.01.1898)

Leag an tAthair Peadar Ó Laoghaire amach mar sprioc lárnach
athbheochana léitheoirí Gaeilge a dhéanamh den leathmhilliún
cainteoir, ach bhí Dúghlas de hÍde, mar shampla, ar malairt aigne.
Scríobh seisean chuig Eoin Mac Néill, á rá:

> An Ghaedhilg do chongbháil á labhairt ameasg na ndaoine …
> B'fhearr liomsa, mo thaoibh féin, muinighin 5 daoine d'fheiscint
> ag labhairt Gaedhilge inna measg féin 'ná deich nduine d'fheiscint
> ionán a léigheadh.

(NLI 10,847; EMN 26.6 1893)

Léiríonn fianaise na staire gur i mBéarla go príomha a shealbhaigh na
cainteoirí sin an litearthacht agus cé go bhfuil na foinsí taighde ar an
gceist seo scáinte go leor, luann tráchtairí cultúrtha, Durkacz go
háirithe, 'the alienation of language from literacy' mar chúinse
thréigean teanga sna tíortha Ceilteacha. Beidh mé ag tagairt don
choimhthiú sin arís ar ball. Níor cuireadh bonn ceart faoi ghnás na
léitheoireachta i measc cainteoirí dúchais na Gaeilge agus níor
buanaíodh nasc fódúil idir an teanga labhartha agus an léitheoireacht.
Bhí iomadúlacht na gcanúintí mar bhac praiticiúil ar fhréamhú na
litearthachta, dar le foilsitheoirí na luath-Athbheochana. Tuiscintí

seachtracha ó Bhaile Átha Cliath, bunaithe ar stádas mórtheangacha a bhí á mbualadh anuas ar an nGaeilge, mar a léiríonn ráiteas Eoin Mhic Néill sa chéad eagrán de *Fáinne an Lae*:

> Tar éis díthe litridheachta nua innti ní'l nídh ar bith bhuaileas an Ghaedhilg níos measa ná na canúna truaillighthe, nach bhfuil le fághail in aon leabhar … Déanfamuid ár ndícheall chun aon Ghaedhilg amháin do chur ar bun, má's féidir, acht ní i gcaitheamh aon tseachtmhuine amháin is féidir sin do chur i gcrích.
>
> (*FL* 8.1.1898)

Is ar an bhfocal beag sin 'truaillighthe' ag Mac Néill ba chóir dúinn ár n-aird a dhíriú. Tá leagan eile den scéal sin atá os ár gcomhair inniu, mar a fheicfimid ar ball. Dúshlán nua don litearthacht is ea forbairt na nuachríol sna cathracha, agus cothaítear arís eile an deighilt idir labhairt agus scríobh na teanga.

Leag córas oideachais an Stáit dúchais síos bunsraith na litearthachta maidir le seachadadh scileanna i léamh agus scríobh na Gaeilge. Tionscnamh fíoréifeachtach a bhí ann go dtí 1973, nuair a baineadh an bonn den Ghaeilge éigeantach. Bhain aicme líonmhar daoine ardchumas feidhmeach amach i léamh na Gaeilge. Bhí bearna ollmhór, áfach, idir cumas agus úsáid, mar a bhaineann le gach gné d'úsáid na Gaeilge ó thús aimsir na hAthbheochana. Mar dhearbhú air sin, féach ar staitisticí an Daonáirimh (1996) agus ar thorthaí Scéim Labhairt na Gaeilge a riarann an Roinn Gnóthaí Pobail, Tuaithe agus Gaeltachta. Tugadh Curaclam nua isteach sna bunscoileanna i dtús na 1970í freisin, a leag an phríomhbhéim, mar ba chóir, ar an nGaeilge labhartha. Bhí na hathruithe sin bailí ar chúiseanna oideachais ach buaileadh buille an bháis ar chothú na litearthachta Gaeilge.

D'fhág mé féin an scoil i 1974 agus is ríléir dom ó shin go bhfuilim ar an mbuíon deiridh a chleacht léitheoireacht na Gaeilge mar ghnás tar éis dúinn an ollscoil a fhágáil. D'athraigh cúinsí eile saoil agus siamsaíochta gan amhras, agus ghlac sé fiche bliain nach mór sular tuigeadh a thoradh sin i gceart. Tá cuid mhór céimithe Gaeilge ag fágáil ollscoileanna anois gan cumas feidhmiúil acu i scríobh na teanga. Ní ionadh, dá bhrí sin, nach santaíonn siad an léitheoireacht liteartha.

Ní fiú bheith gruama éadóchasach ag plé na gceisteanna seo, ach ní mór an fhírinne a aithint, teacht ar thuiscint faoi na cúiseanna atá leis sin agus féachaint ar réiteach cruthaitheach a aimsiú. I dtéarmaí na staire, chuir an Athbheochan taca leathchéad bliain faoin litearthacht, agus ní móide go raibh inbhuanaitheacht fhírinneach riamh i ndán di, seachas ar bhonn feidhmeach cumais, fiú dá leanfaí den chur chuige céanna.

Toradh eile a bhí ar fhearas na hAthbheochana agus ar chur chuige na Roinne Oideachais ba ea an dlúthnasc a bunaíodh in intinn daltaí scoile idir léamh na Gaeilge agus an seomra ranga. Samhlaítear léamh na Gaeilge mar ghníomh dualgais a bhaineann leis an scoil, agus tá fianaise fhorleathan ann nach bhfuil tóir ag páistí ar leabhair Ghaeilge a luaithe a bhaineann siad aois na léitheoireachta aonair amach. Tá sé seo amhlaidh fiú i gcás páistí a thógtar le Gaeilge i dtithe ina gcuirtear luach ar leabhair Ghaeilge, páistí a léann leabhair Bhéarla go fonnmhar. Pé cúiseanna síctheangeolaíocha atá leis sin, is beag Gaeilge a léitear lasmuigh de sheomraí scoile agus ollscoile.

Is beag má shamhlaítear léitheoireacht na Gaeilge le caitheamh aimsire. Is gné nua den débhéascna nó *diglossia* é sin, atá tagtha chun cinn, go háirithe le deich mbliana anuas. Ceannach éigeantach seachas ceannach deonach is mó atá ar siúl, gan ach fíorbheagán daoine fásta ag ceannach leabhar Gaeilge don léitheoireacht chaitheamh aimsire.

Má dhéantar neamhaird den bhorradh gearrthréimhseach faoi cheannach nuachtán agus tréimhseachán i seascaidí agus seachtóidí na haoise seo caite, de thoradh an chóras oideachais, is beag athrú atá ar na treochtaí bunaidh le céad bliain. Sa bhliain 1899 chinn Conradh na Gaeilge nárbh acmhainn dó costais foilsitheoireachta an Athar Peadar a chúiteamh leis feasta i gcás aon saothair nach mbeadh ar chúrsa scrúdaithe. Seo thíos na sonraí míosúla díolachán leabhar ag Conradh na Gaeilge do Dheireadh Fómhair / Samhain 1900.

Book Sales for the month of:	October	November
O'Growney, Part 1	3,140	4,422
O'Growney, Part 2	1,481	663
O'Growney, Part 3	192	320
O'Growney, Part 4	152	144
O'Growney, Part 5	154	104
Keating's Poems	185	53
Oireachtas Procs. 1897	6	6
Oireachtas Procs. 1898	10	18
Oireachtas Procs. 1899	80	125
Mionchaint	144	46
Primer	—	1000
Séadna	10	8
An Peacach agus an Bás	—	3
Iomlán	5,544	6,882

Micheál P. Ua hIceadha, Ollamh re Diadhacht
18.12.1900

Foinse: Miontuairiscí Choiste na bhFoilseachán. NLI 9,800

Bhí díol ollmhór ar *Simple Lessons in Irish*, leis an Athair Eoghan Ó Gramhnaigh. I dTuarascáil Bhliantúil Chonradh na Gaeilge (1906) luadh díolachán 731,000 cóip go dtí sin ar na ceachtanna sin, 431,000 cóip den chéad leabhar agus gan ach 23,000 den chúigiú leabhar. Léiríonn sé sin an tábhacht stairiúil a bhain le tionscal na bhfoghlaimeoirí, agus tá gach foilsitheoir Gaeilge ó shin i leith ag brath, a bheag nó a mhór, ar an earnáil sin. Tá an scéal céanna le hinsint ag díoltóirí agus ag foilsitheoirí leabhar Gaeilge inniu. Murach na margaí tríú leibhéal, bheadh díolachán na saothar liteartha comhaimseartha an-lag go deo.

MIANACH NA TEANGA LABHARTHA

Ba mhaith liom díriú beagán ar theideal an ailt seo, agus féachaint ar na himpleachtaí don liteartha a leanann criólú na Gaeilge sna Gaelscoileanna. Má shaothraítear dhá réim teanga ar leithligh, ceann amháin don chaint agus ceann eile don léamh agus don scríobh, tá impleachtaí aige sin do thodhchaí na liteartha, agus do shaothrú na litríochta féin. Cuimhnímis ar dtús ar scéal na Gaeltachta agus an chaoi nár snaidhmeadh ach go fánach saíocht na Gaeilge féin le saothrú na litríochta. Tá abairt ghlé amháin ag Tomás Ó Criomhthain (: 256) á léiriú seo, cé gur éirigh leis féin go háirithe ardlitríocht a chruthú. Deir sé: 'ó lasadh an chéad tine ar an oileán seo níor scríobh aoinne a bheatha ná a shaol ann'. Bhí múnlaí eile seanchais, ceoil agus filíochta ann chuige sin gan amhras, ach bhí siad á saothrú beag beann ar chothú na litearthachta. Trí mheán na héisteachta, ag seisiúin léitheoireachta os ard, a fuair muintir na Gaeltachta a gcéad bhlas ar an bhfocal scríofa. Thuairiscigh an Piarsach in *An Claidheamh Soluis* gur: 'maith leis na seanGhaedhilgeoirí Gaedhilg a chloisint dá léigheadh. Cuirtear "buidhne léighte" ar bun ins na háite seo.' (*CS* 12.12.1903).

In ainneoin an Athar Peadar, agus iarrachtaí na hAthbheochana, ba dheacair gnás na léitheoireachta a leathnú agus a bhuanú. Tá tuairisc an-bheacht ag Peadar Ó hAnnracháin, chéad timire Chonradh na Gaeilge i gCúige Mumhan, ar thréigean agus ar athghabháil teanga in aon teach amháin i nGaeltacht Iar-Chairbre, sa bhliain 1898.

Cainteoir dúchais ba ea a athair féin. Tógadh mac an tí, Peadar, le Béarla. D'fhoghlaim sé aibítir na Gaeilge as leabhar a chuir a dheirfiúr abhaile chuige as San Francisco, agus comharsa dó a luaigh *Simple Lessons* Uí Ghramhna leis. Chaith sé ceithre bliana ag foghlaim na Gaeilge ar an gcuma sin. Sa bhliain 1898 foilsíodh *Séadna*, i bhfoirm leabhair, den chéaduair. Ba é féin a léigh an saothar sin os ard dá athair agus tá a thuairisc féin againn ar fhreagairt na beirte acu dó:

> Ach measaim fós gur as *Séadna* … a fuaras an t-eolas ab fhearr ar ghlan-Ghaedhilg na Mumhan do léigheadh ar dtúis … thugas fé ndeara gurb í sin an chéad Ghaedhilg a léigheas ós ard sa tigh a thaithn lem athair.
>
> (Ó hAnnracháin, 13)

Thagair sé arís i ndeireadh a shaothair don eachtra shuaithinseach úd, an mac a tógadh gan Ghaeilge ag léamh *Séadna* dá athair, cainteoir dúchais gan léamh ná scríobh:

> Ach maidir leis an eachtra, ní túisce bhíos ullamh tar éis té ná chromas ar mo leabhar a léigheadh. Thugainn súilfhéachaint ar mh'athair anois is arís; bhí sé ina shuidhe le hais an bhúird agus bhí iongna orm go raibh sé ag fanamhaint ag éisteacht leis an

scéal … théigheadh sé gach oíche ag scoraidheacht siar don Droichead, ach d'imigh ceathramha uair a chluig agus níor chorraigh sé. Bhí cluas le héisteacht air an tráthnóna san. Stadas den léightheoireacht chun dul i mbun gnótha éigin eile, ach ghlaodhaidh sé thar n-ais orm … Ni dheaghaidh sé ag scoraidheacht an oidhche sin ná an oidhche a lean í. Bhí scoraidheacht sa bhaile le Séadna agus le Diarmaid Liath agus le Sadhbh Dhiarmuda agus le Máire Ghearra aige. Níor thuig sé go dtí gur airigh sé Séadna á léigheadh go bhféadfaí an saghas Gaedhilge a bhí aige féin do bheith in aon leabhar. Chuir san iongna agus áthas air …

(Ó hAnnracháin, 557)

Tá coimhthiú nua ó thaobh teanga de ag teacht chun cinn anois san earnáil ba mhó a chleachtaíodh an litearthacht tráth, lucht sealbhaithe na Gaeilge mar dhara teanga. Athrú suaithinseach sa chomhthéacs sochtheangeolaíochta is ea an claochlú ar an urlabhra choitianta phoiblí. Tá laghdú stádais lenár linn féin ag réimeanna eiseamláireacha na gcanúintí Gaeltachta, a leagtaí amach go soiléir tráth mar sprioc foghlama. Le teacht TG4 agus Raidió na Life, tá bailíocht phoiblí deonaithe ag na meáin chumarsáide don iliomad criól nua, ar a n-áirítear Gaelscoilis, go háirithe le tuin Deairtise. Níl de chúram ar na meáin féin ina leith seo gan amhras ach an urlabhra a ráiníonn dóibh a chraoladh.

Tá an deighilt ag leathnú in aghaidh an lae idir an teanga labhartha agus an teanga scríofa. Tá crapadh agus cúngú ar fhocalstór gníomhach an aosa óig, agus tá comhréir na gcriól nua ar míréir ó bhonn leis an teanga stairiúil is ábhar don chaighdeán scríofa.

D'fhéadfaí saothar iomlán a thiomnú don ábhar seo, ach is leor blaiseadh beag den chaint seo a léiriú. Tosaímis le teideal an ailt seo:

- - Cén fáth nach?
- - Mar!
- - A deireann cén duine?
- - Mise, má chaitheann tú *know*!

Agus samplaí fánacha eile:

- *Polish* mé *up* é, agus beidh sé go breá.
- Ní íosfaidh mé ach *dot of* é, ach *need* mé deoch *badly*.
- Cén fáth a *shout* sé *at* tú? Srac sí [an gadhar] an *stuffing* as an áit go cheana féin srac sí.
- *Chonquer* sé [Caesar] a bhealach go dtí an Róimh.
- Féach cad a chaithim cur suas le!
- … mura mbeadh sé an iomarca dhuit …
- Fánn tú é. Fá é fá sé. [*i.e.* iolrú / méadú sa mhatamaitic, bunaithe ar na 'táblaí fá,' ar ndóigh]
- *Stick* sé a *whole* finger isteach in é.
- *Suck*-ann an múinteoir sin!
- Bhí sé [Al Capone] an *only gangster* a *really died naturally* ina leaba.
- Ar d'fhéach tú an méid a d'oscail sé suas go dtí?
- Cén fáth a d'éirigh tú muid ag an am seo?
- Sin go léir an t-airgead a bhfuil agam.
- Sin é a *want*ann muid chun a faigh. Teastaíonn uainn faigh muid rud cosúil le i gcónaí faigh muid, **ceart go leor!** [Béim agus bagairt sa chlásal deiridh, ar ndóigh.]

Gan trácht ar na nathanna bunaithe seo, ar na hócáidí cuí:

- *Lucky* muid!
- *Poor* iad!
- *Don't care* muid!

Tá cuid mhór athruithe eile sa chaint ar nós *t-* a nascadh go coitianta le hainmfhocail a thosaíonn le consan, beag beann ar inscne: *an t-eagraíocht* mar shampla, agus ag cainteoirí eile an *t-* a ghlacadh isteach mar dhlúthchuid den fhocal bunaidh, ar nós: *Fuair sé t-eitleán.* Leanann an t-iomard céanna *f* i dtús focal, gan beann ar alt ná inscne, *ag fháil fheadóg*, agus mar sin de. Tá patrúin agus rialacha dá gcuid féin ag baint leis na criólanna seo, agus an forainm réamhfhoclach, seachas an chéad agus an dara pearsa uatha, díbeartha go buan ag lucht a labhartha. Deirtear:

- do é.
- ag iad.
- le í.
- faoi muid.
- ar iad.
- d'iad.

in abairtí ar nós:

- Bhí dhá d' iad ann.

Baintear leas as *go dtí* mar bhuanaistriú ar an mBéarla *to* is cuma faoin mbrí:

- Caitheann tú *hello* a rá go dtí daoine beaga.
- Níor dhein mise aon rud go dtí an bord.

Agus *roimh a athraíonn mé go dtí ábhar eile* – cad faoin mac léinn bocht a bhí *chomh faoi ghlas aréir* agus a chompánach a d'admhaigh go raibh sé féin *clochta freisin tar éis an méid dréacht Guinness go cheana féin d'ól muid ag ócáid eile.* Mar a dúirt an té a dúirt, *táimid a lán difriúil ó cad a cheapann siad a bhfuil muid mar.*

Tá teanga ann chun cumarsáide, agus má labhraítear agus má thuigtear í, tá go maith. Ach tá impleachtaí móra ag eascairt as sin don litearthacht, don litríocht agus don fhoilsitheoireacht. Conas is féidir le scríbhneoirí agus le foilsitheoirí freagairt dó sin i gcomhthéacs cruthaitheach liteartha? Ní mór aghaidh a thabhairt ar an dúshlán sin, má tá an Ghaeilge le léamh is le scríobh lasmuigh de na forais léinn amach anseo. Tá an Ghaeilge scríofa chaighdeánach chomh haduain céanna ag lucht labhartha na Gaelscoilise is a bhí prós an Chéitinnigh ag lucht na hAthbheochana. Má táthar chun pobal léitheoireachta a thógáil beidh réimeanna nua teanga liteartha le saothrú, gan amhras ar bith.

Tá sé róluath fós a thuar cén seasamh a bheidh sna fochanúintí nua seo, ná cén fad saoil a bheidh ag teanga a bhfuil a cumas athnuachana ag brath go hiomlán ar mhúnlaí seachtracha. Ní fios fós cá mairfidh na friotail nua seo nuair a bheidh siad athchúrsáilte arís eile gan cothú aon phobail bhunaithe acu. Tá acmhainn athnuachana na Gaeilge féin faoi bhagairt, má leanann an tanú agus an cúngú seo gan staonadh. Ní hiad na focail aonair Bhéarla is suaithinsí faoin tráth seo ach díothú na comhréire is inneach don teanga féin – abairtí mar: 'Cad a bhfuil sé mar?', 'Tá chomh méid acu ann' agus 'Sin cad i gcónaí a dhéanann tusa'. Gnáthcheisteanna teanga iad seo nach mbaineann leis an nGaeilge amháin, ar ndóigh. Bíonn na Francaigh imníoch mar gheall ar *prêt à parler* mar a thugann siad air, go háirithe nuair a dhéanann na hiasachtaí comhréir na teanga féin a threascairt.

FREAGAIRT EARNÁIL NA FOILSITHEOIREACHTA

Thagair an Ríordánach ina dhialann (7 Eanáir 1948) do Ghaeilge aos óg na hAthbheochana i gCorcaigh, nó 'na deisceabail' mar a thugadh sé féin orthu. Thaithídís an Grianán agus seo mar a thagair sé dá gcanúint: 'Im na Gaeilge leachta ar arán an Bhéarla agus in áiteanna gan im ar bith ann'. Ba léir, áfach, nár shamhlaigh sé gur bhain na déantúis nua seo lena shaothar féin. Má tá na friotail nua forleathan an aimsir seo, an acmhainn don scríbhneoireacht chomhaimseartha neamhshuim a dhéanamh díobh? Tá scríbhneoirí áirithe lenár linn féin agus friotail nua á saothrú acu ag freagairt don dúshlán nua, Éilís Ní Dhuibhne agus Lorcán Ó Treasaigh, mar shampla, agus ardéileamh ar a saothar. Mar sin féin is beag aird a thug tionscal na foilsitheoireachta ná lucht a mhaoinithe ar na ceisteanna seo go fóill.

Tá dua agus fuinneamh as cuimse caite ó thús aimsir na hAthbheochana le saothrú na héigse, gan beann ar éigean againn ar na cúinsí casta oideachais, sóisialta agus síceolaíochta a bhain le reic agus le léamh na ndéantús liteartha. I gcás na mórtheangacha, rialaíonn cúinsí an mhargaidh rathúlacht na bhfiontar foilsitheoireachta. Ach i gcás na Gaeilge, níl aon fhráma tagartha ann don chothromaíocht chuí idir éileamh an mhargaidh agus soláthar na leabhar. Tá margaí léitheoireachta na Gaeilge lonnaithe go príomha lasmuigh den Ghaeltacht le fada an lá, ach níl bonn curtha fós faoin úrscéalaíocht réadúil inchreidte uirbeach, pé acu liteartha nó sobalach, ábhar a mbeadh tóir nádúrtha ag an bpobal sin air.

Ó bunaíodh Bord na Leabhar Gaeilge i 1952, bhí polasaithe foilsitheoireachta an Stáit dírithe go sonrach ar scríbhneoireacht a spreagadh seachas léitheoireacht a chothú. Measadh go hearráideach go leanfadh an dá ghníomh a chéile. Rinneadh neamhaird cuid mhaith de mhianta na léitheoirí, agus go dtí an lá inniu féin bíonn foilsitheoirí ag soláthar beag beann ar éileamh.

Tá ról ag an bhfoilsitheoir i spreagadh agus i mbreithniú mhianach na scríbhneoireachta féin. Gan eolas muiníneach ar a chuid margaí, is deacair an cúram sin a chomhlíonadh, sa tslí go gcuireann foilsitheoirí ar fáil cuid mhaith, pé sórt ábhair is mian le scríbhneoirí a sholáthar, agus cruthaíonn an síorthál neamhchriticiúil sin fadhbanna móra do shaothrú na critice féin ar ball. Tá a rian cheana féin ar chaighdeán na léirmheastóireachta, agus beidh tionchar ag na cúinsí sin trí chéile ar an ionad a bheidh ag an nualitríocht ar chúrsaí léinn amach anseo.

Tá bunfhadhbanna struchtúrtha ann a choinníonn forbairt earnáil na foilsitheoireachta ar gcúl. Is ar bhonn deonach, is é sin ar a bpinsean, nó tar éis obair an lae, atá na foilsitheoirí Gaeilge go léir lasmuigh den Ghaeltacht ag feidhmiú fós. Fiú Cló Iar-Chonnachta, ní ar scáth na leabhar amháin a mhaireann siad. Obair airneáin atá ar siúl fós ag tionscal deonach den chuid is mó. Leagadh an bhéim go dtí seo ar tháirgeadh na leabhar mar sprioc ann féin. Go dtí 1999 féin bhí na deontais foilsitheoireachta bunaithe ar líon na bhfocal sna leabhair. Caitheadh amach an córas sin, agus tosaíodh ar líon na leathanach a áireamh. Ní chothaíonn an cur chuige seo iompar fiontraíoch nuálaíoch ag foilsitheoirí. Ní mór acmhainní a chaitheamh ar fhostaíocht a mhaoiniú sa tionscal, ar mhargaíocht leictreonach Idirlín, agus ar léirithe ilmheán a fhorbairt mar thaca le cur chun cinn na litríochta. Ní ionadh ach oiread go dtiocfadh lagmhisneach ar fhoilsitheoirí agus dáileadh agus mórdhíol na leabhar mar chúram díreach ar an Stát i gcónaí, gan beann ar straitéisí nua-aimseartha margaíochta, ná trácht ar chóras ordaithe ar líne, ná fiú seirbhís ríomhphoist chun leabhair a ordú, agus seo á scríobh.

Tá na dúshláin chéanna romhainn anois agus a bhí i gceist i mblianta tosaigh na hAthbheochana, is é sin pobal léitheoireachta a bhunú agus a bhuanú. Cuireadh an bhéim ó thús ar ábhar liteartha. Má tá rún againn dáiríre an gnáthphobal a chur ag léamh, ní ar an ardlitríocht go príomha ba chóir an bhéim a leagan. Ní mór seánraí nua a shaothrú, ficsean bog, eachtraíocht, agus bleachtaireacht, na cineálacha leabhar is coitianta a léitear in aon teanga.

Tá cuid mhór *litríochta* á foilsiú le blianta agus gan mórán éilimh uirthi, go háirithe na saothair nach mbaineann ionad amach ar chúrsaí ollscoile. Sa mhéid go leanann an seó ar aghaidh beag beann ar an margadh agus tost criticiúil mórthimpeall ar an mórchuid de, táimid ag séanadh freagrachta i luacháil na saothar sin, agus is beag an cúnamh é sin do chothú na léitheoireachta.

Arís ar ais, bhí an fhadhb sin an-soiléir i dtús aimsir na hAthbheochana féin. Sheol Séamas Ó Muirgheasa nó 'An Madra Maol' mar ab fhearr aithne air, litir fhada ó Nua-Eabhrac chuig Eoin Mac Néill ar 2 Feabhra 1911, ag trácht ar dhéantúis liteartha na hAthbheochana:

> … I am sure that you will agree with me that of the number of books published by the Gaelic League, not five per cent will find a place on the bookshelves of a man who has read and can appreciate Irish literature, they are likely to be thrown into the waste-paper basket, and it is a question whether they should ever have been printed. The writings of most of the revivalists are so far as I can see, destined to be as ephemeral an existence as the lucubrations of the penny-a-liners in the daily papers. To say that they are literature, or even a serious attempt at literature, is a deliberate mis-statement of facts which is calculated to do immense harm, and for my part, I think the time has come when

we should cease to lavish unstinted praise on every half-educated amadán who essays the task of immortalising himself by writing a book. Now I wish to point out a very interesting fact in connection with the literary output at present, and it is this. The supply at present far exceeds the demand, and the demand is much less than it was seven or eight years ago.

(NLI Ls.10,899)

Ní mór na gnáthmhargaí léitheoireachta a fhorbairt sa Ghaeilge chun go mbeidh rath ar an litríocht seachas mar ábhar léinn. Tá spreagadh agus dúshlán sna forbairtí teanga atá beo bríomhar mórthimpeall orainn, ach freastal ar acmhainn chruthaitheach na n-óg i dteanga a thuigeann siad féin. B'fhearr go mór fada go mbeadh an dearcadh 'Cén fáth nach?' againn ná *'Don't care* muid*!'*

Táim fíorbhuíoch de mhic léinn agus d'fhoireann FIONTAR, agus de mo bheirt mhac, a bhronn na seoda thuas orm, i bhfios nó gan fhios dóibh féin.

NODA
CS *An Claidheamh Soluis* (1899-1932)
EMN Páipéir Eoin Mhic Néill.
FL *Fáinne an Lae* (1898-1900)
NLI Leabharlann Náisiúnta na hÉireann

FOINSÍ
Durkacz, V. (1983). *The decline of the Celtic languages.* Dún Éideann.

Nic Pháidín, C. (1998). *Fáinne an Lae agus an Athbheochan (1898-1900).* Baile Átha Cliath.

Ó Criomhthain, T. (1973 [1927]). *Allagar na hInise.* Baile Átha Cliath.

Ó hAnnracháin, P. (1944). *Fé bhrat an Chonnartha.* Baile Átha Cliath.

8

Próifíliú sa Luathlitearthacht
Áis Mheasúnaithe do Mhúinteoirí
i mBunscoileanna Lán-Ghaeilge

Gabrielle Nig Uidhir

 *Is léachtóir san oideachas lán-Ghaeilge í an Dr Gabrielle Nig Uidhir i gColáiste Ollscoile Naomh Muire, Béal Feirste. Rinne sí Dochtúireacht faoin phobal Gaeltachta a bhunaigh an chéad bhunscoil lán-Ghaeilge i mBéal Feirste. Tá suim aici i ngnéithe éagsúla den dátheangachas agus i gcúrsaí litearthachta sa chóras tumoideachais. Tá sí i mbun taighde faoi na hábhair sin faoi láthair.*

CÚLRA

Tá leibhéal ard neamhlitearthachta sa phobal ar na príomhchomharthaí bochtaineachta sa tríú domhan. Is mó i bhfad an t-ábhar iontais é an leibhéal ard neamhlitearthachta sna tíortha forbartha. Nuair a d'fhoilsigh Clár Forbartha na Náisiún Aontaithe tuairisc na bliana 2001, ba léir go raibh Éire i measc na dtíortha ba mheasa ó thaobh bochtaineachta san Iarthar. Ba é líon na ndaoine a bhí neamhlitearthe an tréith is mó a thug léargas ar an ráta ard seo. Rinneadh tagairt do 23% de dhaonra na hÉireann nach raibh ábalta feidhmiú i dtascanna bunúsacha litearthachta, mar shampla, léamh clár ama busanna. I dTuaisceart Éireann, fuarthas go raibh scileanna ísle litearthachta ag beagnach 25% den daonra a bhí in aois oibre (Suirbhé Litearthachta Aosaí Idirnáisiúnta, 1998).

Tá réiteach na bhfadhbanna seo casta agus ag brath ar chlár cuimsitheach sóisialta agus eacnamaíochta. Mar sin féin, ní féidir gan ceist a chur faoin dóigh ar theip an córas oideachais ar chéatadán ard den daonra. Tá straitéisí agus polasaithe éagsúla i bhfeidhm chun dul i ngleic leis na deacrachtaí seo sula ndéantar mórfhadhbanna díobh.

Mar shampla, cuireadh an Straitéis Náisiúnta Litearthachta ar bun i mbunscoileanna Shasana i 1998 chun tacú le scoileanna spriocanna litearthachta a bhaint amach roimh mhí an Mheithimh 2002. Maidir le taifeadadh torthaí litearthachta i dTuaisceart Éireann ag an spriocdháta i 2002, bhain 93.4% de dhaltaí Eochairchéim 1 leibhéal 2 amach sa litearthacht agus bhain 36% leibhéal 3 amach (35% an sprioc a bhí ann). Ag Eochairchéim 2 bhain 20.5% de na daltaí leibhéal 5 amach (25% an sprioc). Is ag Eochairchéim 2 a fheictear laige sna torthaí seo. Tá amhras faoi thorthaí leibhéal 5 de thairbhe an scrúdú aistrithe (*11-plus*) agus líon na ndaltaí a mbíonn oide príobháideach acu. Bhí sprioc 77% i bhfeidhm do dhaltaí a bhainfeadh leibhéal 4 amach. Bhí an céatadán cailíní as an 72.9% de dhaltaí a bhain an leibhéal cuí amach i bhfad níos airde ná an céatadán buachaillí ar éirigh leo. Cuireadh tionscnaimh agus straitéisí forbartha i bhfeidhm i dTuaisceart Éireann chun na spriocanna litearthachta agus uimhearthachta a bhaint amach taobh istigh den amscála céanna (Roinn Oideachais Thuaisceart Éireann). Mar shampla, tá Clár Gníomhach Litearthachta curtha i bhfeidhm mar scéim phíolótach i mbunscoileanna lán-Bhéarla áirithe (Nig Uidhir). Tá beirt de na bunscoileanna lán-Ghaeilge páirteach i scéim phíolótach an Churaclaim Shaibhrithe a cuireadh ar bun i 2000. Tá fianaise ann go gcruthaíonn curaclam rófhoirmiúil i Rang 1[1] fadhbanna do na daltaí óga agus tá tionscnamh píolótach ar bun chun curaclam nua a thriail. Ceann de thréithe an Churaclaim Shaibhrithe seo is ea an mhoill ar thosú ar litearthacht agus uimhearthacht fhoirmiúil sa chéad bhliain den bhunscolaíocht (EYECP). Is dócha go mbeidh níos mó gaelscoileanna páirteach sa tionscamh píolótach seo amach anseo.

LÉITHEOIREACHT TÉARNAIMH

I dTuaisceart Éireann, tá ráchairt ar luathchlár idirghabhála sa litearthacht a dhear an tOllamh Marie Clay sa Nua-Shéalainn. Tugtar Léitheoireacht Téarnaimh (Reading Recovery) ar an chlár sin (Clay, 1993). Leathnaigh soláthar an chláir go Contae Mhuineacháin, áit ar cuireadh tionscnamh trialach ar bun. Níl forbairt agus leathnú an chláir chuig an chuid eile den tír ach ina dtús go fóill. Tá Léitheoireacht Téarnaimh (LT) i bhfeidhm go forleathan i scoileanna sna Stáit Aontaithe, san Astráil, i Sasana agus sa Fhrainc, agus táthar i ndiaidh í a chur i bhfeidhm i dtíortha eile, sa Bhreatain Bheag, mar shampla.

Is é an aidhm atá ag údar an chláir seo go n-aithneofaí fadhbanna litearthachta go luath sula bhfréamhaíonn siad agus sula n-íslíonn féiníomhá an dalta óig. Is fóirsteanaí an clár i ndiaidh don dalta taithí bliana de scolaíocht fhoirmiúil a bheith faighte aige nó aici. Faoin am sin, meastar go mbíonn deis ag an leanbh cuid de na coincheapa a bhaineann le cló a shealbhú chomh maith le straitéisí bunúsacha i gcomhair léitheoireachta agus scríbhneoireachta. I ndiaidh 12 mhí de theagasc foirmiúil sa litearthacht, is féidir comharthaí míthuisceana agus easpa tuisceana a aithint má dhéantar breathnú córasach ar an dalta.

Sa chlár LT coinnítear an bhéim ar an chiall atá le baint as téacs. Ach tá sealbhú líofachta mar sprioc aige fosta agus tugtar aird ar na scileanna foghraíochta agus ar an anailís amhairc atá riachtanach le haghaidh próiseála cognaíche. Léiríonn torthaí taighde go n-éiríonn leis an chlár LT bunús na ndaltaí a thabhairt aníos go dtí an meánleibhéal litearthachta sa seomra ranga (Munn & Ellis). Cé gur clár tacaíochta duine le duine é seo, a mhaireann suas le 20 seachtain, comhoibríonn an teagascóir go dlúth leis an mhúinteoir ranga i rith an ama. Ar a bharr sin, is féidir cuid mhaith de na straitéisí teagaisc agus foghlama a athmhúnlú i gcomhair teagaisc ranga agus iad a fhorbairt mar chuid de pholasaí litearthachta na scoile. Tugtar tacaíocht chuí don dalta leis an chaidreamh cómhalartaíochta idir léitheoireacht agus scríbhneoireacht a fhorbairt; tacaíonn na hiarrachtaí scríbhneoireachta le dul chun cinn sa léitheoireacht agus *vice versa*. Foghlaimíonn an dalta dóigheanna le monatóireacht a dhéanamh ar a chuid léitheoireachta agus ar a chuid scríbhneoireachta féin. Ó thaobh an teagascóra de, baineann sé nó sí úsáid as breathnuithe córasacha chun an dul chun cinn a mheas agus chun riachtanais an dalta a aithint.

MEASÚNÚ

Ag an phointe seo, is mithid aghaidh a thabhairt ar cheist an mheasúnaithe. Is cuid de chultúr an lae inniu í an bhéim mhór a chuirtear ar mheasúnú – féinmheasúnú, piarmheasúnú, measúnú múnlaitheach, measúnú carnach agus measúnú diagnóiseach. Is féidir le dualgais mheasúnaithe cur go mór le hualach oibre agus leis an bhrú a bhíonn ar mhúinteoir ranga mura dtugtar i) oiliúint agus tacaíocht chuí dó nó di maidir le tuiscint ar na prionsabail is bunchloch don mheasúnú agus ii) treoir faoi fheidhmiú thorthaí an mheasúnaithe ar leas na ndaltaí.

Is cuid de pholasaí litearthachta na scoileanna lán-Bhéarla é úsáid a bhaint as áiseanna measúnaithe caighdeánaithe chun taifid a choinneáil d'aois léitheoireachta daltaí ag pointí éagsúla agus chun gnéithe eile den dul chun cinn litearthachta a thaifeadadh le linn na mblianta bunscolaíochta. Úsáidtear cuid de na háiseanna seo, ar nós Theist Léitheoireachta Suffolk, chun léitheoireacht an Bhéarla a mheas sna scoileanna lán-Ghaeilge chomh maith.

Gan amhras, is ábhar imní agus frustrachais do mhúinteoirí lán-Ghaeilge an easpa áiseanna agus uirlisí measúnaithe atá ar fáil sa Ghaeilge.

Mar sin féin, is ceart measúnú a phleanáil i gcomhthéacs níos leithne ná na huirlisí caighdeánaithe. Aithnítear nach n-éiríonn le cuid mhaith múinteoirí torthaí na dteisteanna seo a chur i bhfeidhm go héifeachtach. Más amhlaidh an scéal sna scoileanna lán-Bhéarla, is tábhachtaí arís an cur chuige cuimsitheach seo sa chóras lán-Ghaeilge. Míníonn Cummins mionsamhail dhéthoiseach le haghaidh measúnaithe a chuireann cumas cognaíoch agus cumas teanga an dalta san áireamh. Tugann Frederickson agus Clyne (: 16) sampla de mheasúnú léitheoireachta taobh istigh de fhráma tagartha Cummins. Tá sé tábhachtach áiseanna measúnaithe a fhorbairt chomh maith le hoideolaíochtaí atá ag tarraingt ar theoiricí agus ar thaighde sa tumoideachas. Míníonn Cummins na buanna a bhaineann le forbairt an dátheangachais agus na délitearthachta faoi chóras ina spreagtar cumas cuí sa dá theanga (: 178). Tugann an Teoiric Idirspleáchais léargas ar an phróiseas foghlama sa chóras sin. Go bunúsach, níl fianaise ann go gcuireann oideachas trí mheán na mionteanga cosc ar fhorbairt an dalta sa mhórtheanga. I gcomhthéacs na délitearthachta, aistrítear na coincheapa agus na straitéisí léitheoireachta ó theanga amháin go teanga eile. Tá pictiúr cuimsitheach den dalta de dhíth ar an mhúinteoir: an bhfuil an leibhéal tairsigh sa sprioctheanga (nó sa mháthairtheanga) ag cur bac ar an dul chun cinn sa litearthacht? Nó an mbaineann deacrachtaí an dalta leis an dóigh a bhfreagraíonn an leanbh don chló? Tá cur chuige leathan i leith an mheasúnaithe inmholta chun léargas a fháil ar an phointe ag a bhfuil an dalta maidir le litearthacht. Cad é atá ar eolas ag an dalta? Gan eolas beacht ar an fhreagra sin, ní féidir leis an mhúinteoir spriocanna dúshlánacha réadúla a phleanáil.

Is éifeachtaí an fhoghlaim a dhéanann páiste nuair a chuireann sé nó sí leis an eolas atá aige nó aici cheana féin (DEWA, 5). Mar sin, tá sé ríthábhachtach tuiscint a bheith ag an mhúinteoir ar an fhoghlaim atá ar bun agus ar na coincheapa agus scileanna atá sealbhaithe ag an pháiste. Aithnítear gur dúshlán é dualgas seo an mhúinteora. Tugann an áis mheasúnaithe seo, 'Próifíliú sa Luathlitearthacht', tacaíocht phraiticiúil don mhúinteoir ranga atá ag iarraidh eolas beacht a fháil ar an dalta óg.

PRÓIFÍLIÚ SA LUATHLITEARTHACHT (PAL)

Is uirlis mheasúnaithe é seo atá á hathfhorbairt ón *Observation Survey in Early Literacy Achievement* a d'fhorbair Marie Clay sa Nua-Shéalainn. Baintear feidhm as an uirlis mheasúnaithe seo sna luathbhlianta i scoileanna na tíre sin chun eolas a sholáthar don mhúinteoir ranga ar dhul chun cinn gach dalta sa litearthacht. Foilseofar an leagan Gaeilge den áis seo do mhúinteoirí tumoideachais sa bhliain 2003. Thosaigh an obair athfhorbartha sa Ghaeilge i Meán Fómhair 2001, i gColáiste Ollscoile Naomh Muire, Béal Feirste. Leathnaíodh an tionscnamh taighde seo, ar scála Eorpach, ag tús na bliana 2002. Tá an áis Ghaeilge á hathfhorbairt i gcomhar le Muintearas, Tír an Fhia, mar uirlis mheasúnaithe do mhúinteoirí lán-Ghaeilge sna luathbhlianta. Tá an Suirbhé á athfhorbairt sa Danmhairgis, sa Spáinnis agus sa tSlóvaicis mar chuid den tionscnamh céanna. Is mór an dúshlán an tasc seo do gach ceann de na tíortha sin. Baineann cuid de na tascanna le ceisteanna teangeolaíochta agus cuid eile leis an chóras oideachais agus le hoideolaíochtaí. Ach tá an aidhm chéanna ag an tionscnamh i ngach comhthéacs: tacar de thascanna breathnaithe córasacha a athfhorbairt a éascaíonn próifíliú litearthachta i measc daltaí óga sa bhunscoil. Seo an tionscnamh taighde atá ar siúl faoi láthair. San alt seo, déantar cur síos ar an obair ag an luathphointe seo nuair atá tástáil á déanamh ar an áis agus athbhreithniú á dhéanamh uirthi le haghaidh trialacha píolótacha a dhéanfar ar bhonn náisiúnta sa bhliain 2003. Mar sin féin, is féidir samplaí de na luathdhréachtaí a thabhairt chun an obair a mhíniú.

Cuireann Marie Clay (1993a: 2) béim mhór ar an tábhacht a bhaineann le grinnbhreathnú agus le taifeadadh sa seomra ranga. Más mian le múinteoir bheith ina bhreathnóir éifeachtach, is gá cinneadh a dhéanamh faoin aonad teanga atá faoi bhreathnú agus na tosca a mheallfaidh an iompraíocht teanga sin ón dalta agus a éascóidh taifeadadh na hiompraíochta.

Bunaítear an próifíliú seo ar 6 thasc breathnaithe. Tá na tascanna féin cosúil le gnáthobair ranga. Tá cuid acu oscailte agus cuid eile druidte. Níl ach tasc amháin ann atá neamhspleách ar na cinn eile. Mar sin de, míníonn tascanna áirithe na torthaí a bhíonn ar thascanna eile. Léiríonn torthaí na 6 thasc le chéile próifíl litearthachta an dalta. Is grianghraf mear í an phróifíl seo den smacht atá ag an leanbh ar litearthacht ag pointe áirithe ama. Tugann sé fianaise den mhéid is féidir leis an dalta a dhéanamh sa léitheoireacht agus sa scríbhneoireacht ag an phointe sin. Mar sin de, tugann sé an t-eolas don mhúinteoir atá riachtanach chun cinneadh a dhéanamh faoin chéad chéim eile atá le glacadh ag an dalta. Cuidíonn an t-eolas seo le múinteoir an dalta a chur ag foghlaim de réir a chumais féin – áit a síntear acmhainn an linbh chuig an spriocphointe cuí.

Is féidir le múinteoir an próifíliú a dhéanamh arís agus arís eile thar thréimhse ama agus eolas a bhailiú ar dhul chun cinn an dalta.

Mar a luadh cheana féin, ní bhainfí feidhm as an áis seo go dtí go mbeadh taithí bliana ag an dalta ar chlár foirmiúil litearthachta. Beidh eolas comparáideach ar fáil más mian le múinteoirí torthaí daltaí a chur i gcomparáid le daltaí eile atá ar comhaois leo, sa rang céanna nó i mbunscoileanna lán-Ghaeilge eile ar fud na tíre.

Cé go mbaineann na bunscoileanna sa Nua-Shéalainn úsáid as an Phróifíliú seo mar áis mheasúnaithe sna luathbhlianta chun eolas a thaifeadadh ar dhul chun cinn gach dalta i gcúrsaí litearthachta, is mar uirlis mheasúnaithe don chlár idirghabhála, Léitheoireacht Téarnaimh, is mó a úsáidtear an áis seo i mbunscoileanna Béarla Shasana agus Thuaisceart Éireann.   Maidir leis na scoileanna lán-Ghaeilge agus úsáid an tionscnaimh seo, molfar an Próifíliú, a bhfuil athfhorbairt á déanamh air, do mheasúnú na ndaltaí i Ranganna 2, 3 agus 4 go príomha.   Bíonn deiseanna luachmhara ag an mhúinteoir an t-eolas a chur i bhfeidhm i bpleanáil agus i modhanna teagaisc agus tacú in am le daltaí a léiríonn fadhbanna – sula leathnaítear an bhearna idir iad agus meánghrúpa cumais an ranga. Is féidir le múinteoir páistí le riachtanais éagsúla a threorú i dtreo na dtorthaí foghlama céanna, agus iad ar chosáin éagsúla foghlama, ach tuiscint a bheith aige nó aici ar an fhoghlaim atá ag tarlú. Déanann Marie Clay (1998: 5) cur síos ar thábhacht breathnuithe córasacha sa sliocht seo thíos:

> To improve teaching teachers need to observe children's responses during literacy instruction
> - for competences and confusions;
> - for strengths and weaknesses;
> - for the processes and strategies used;
> - for evidence of what the child already understands.

CUR SÍOS AR NA 6 THASC BREATHNAITHE

Glacann sé thart faoi 30 nóiméad an Próifíliú iomlán a chur i gcrích agus déanann múinteoir é le dalta aonair.

1. *AITHINT LITREACHA*

- Cad iad na litreacha atá ar eolas ag dalta sa chás mhór agus sa chás bheag? An aithníonn sé ainmneacha na litreacha?
- An bhfuil cuid de na litreacha measctha suas?
- An bhfuil siombailí áirithe nach bhfuil eolas ar bith aige / aici orthu?
- An aithníonn an dalta an síneadh fada?

Tá freagraí na gceisteanna seo de dhíth ar an mhúinteoir a dhéanann grinnbhreathnú ar dhaltaí agus iad ag foghlaim na ndóigheanna a n-oibríonn focail.

Sa tasc seo, taispeántar litir don dalta agus ceistítear é ina taobh. Mura dtugann an leanbh freagra, cuirtear ceist ar nós: 'An bhfuil a fhios agat an t-ainm atá uirthi?'; 'Cad é an fhuaim a dhéanann sí?'; 'An bhfuil a fhios agat focal a thosaíonn léi sin?' Taispeánann ceann ar bith de na freagraí cuí go n-aithníonn an dalta an tsiombail. Ar leathanach 142 (Fig. 8.1) tá freagraí dalta a taifeadadh ar leathanach scórála. Seo tasc a bhfuil uas-scór leis mar thiocfadh le dalta iomlán na bhfreagraí cearta a thabhairt.

Sa sampla seo thíos tá tréithe suimiúla le sonrú. Mar shampla, tá sé intuigthe go mbeadh míthuiscint ann idir na litreacha 'l' agus 'g' agus an dá uimhir '1' agus '8', faoi seach. Mar sin féin, bheadh múinteoir ag súil nach mbeadh daltaí a mbeadh níos mó smachta acu ar an luathlitearthacht measctha idir litreacha agus uimhreacha. Aithníonn

Fig. 8.1 AITHINT LITREACHA – LEATHANACH SCÓRÁLA (DRÉACHT)

Ainm: Lorcán   Aois: 6:3   Dáta: 6/12/01
Cláraitheoir: Dáta breithe: 27/8/95   Scór: 32/42

	A	F	Focal	M		A	F	Focal	M	
A	✓				a	✓				Míthuiscint
F	✓				f				e	
M	✓				m	✓				e C one
P	✓				p	✓				f G l
H	✓				h	✓				
B	✓				b	✓				b u eight
N	✓				n	✓				d v g
E	.				e	✓				
O	✓				o	✓				Litreacha
R	✓				r	✓				**Neamhaitheanta**
C	✓				c	✓				
U	✓				u	✓				E I V É
L	✓		lacha		l				one	
G	✓			C	g	✓				
T			Tá		t	✓				
D					d				b	Ráiteas Breise
I	.				i	✓				
S	✓				s	✓				*Is fearr leis ainm na*
V	.				v		u			*litreach cé go bhfuil*
					a	✓				*samplaí ann*
					g				8	*d'fhuaim agus*
É	.				é				e	*d'fhocal.*

A *ainm*   F *fuaim*   M *freagra mícheart*

cuid mhaith de na daltaí go bhfuil an múinteoir ag fiosrú faoi litreacha. Ní ábhar iontais é, sa chás seo, go bhfuil deacracht le 'I' fosta. Tá idirdhealú amhairc de dhíth maidir le 'v' agus 'u', agus 'G' agus 'C' chomh maith. Aithníonn an dalta seo an chuid is mó de litreacha na haibítre. Is minice nach n-aithníonn sé litir sa chás mhór, mar shampla 'E' nó 'É'.

2. CLOISTEÁIL AGUS TAIFEADADH FUAIMEANNA

Cuirtear béim mhór ar scileanna béil agus éisteachta sna naíscoileanna agus sna bunscoileanna lán-Ghaeilge. Is dúshraith iad seo d'fhorbairt na teanga agus don dul chun cinn sa litearthacht. Ní amháin gur gá do dhalta idirdhealú amhairc a dhéanamh idir na siombailí éagsúla a bhaineann le cló ach is gá dó nasc a dhéanamh idir na siombailí seo agus fuaimeanna. Cé go gcuirtear béim ar thúschonsain sna luathchéimeanna, beidh ar an leanbh idirdhealú éistitheach a dhéanamh chun na fuaimeanna laistigh d'fhocail a chloisteáil. Ar a bharr sin, tá eolas le bailiú ar na tréithe mírialta a bhaineann leis na naisc ghraf-fhoghar. Sa tasc seo, tugann an leanbh fianaise ar na fuaimeanna a chluineann sé i bhfocail agus ar an eolas atá aige faoin dóigh a scríobhtar iad.

Ní tasc litrithe é seo. Ní chailleann an dalta marc as litriú mírialta a úsáid, fad is go léiríonn an litriú gur aithin sé an fhuaim. Mar shampla, má scríobhtar *hug* in áit *thug*, ní chaillfear marc mar is léir gur chuala sé an fhuaim cheart agus gur úsáid sé litir chuí leis an fhuaim [h] a thaifeadadh. Ach má scríobhtar *hí* in áit *bhí*, bainfear marc den scór mar ní úsáidtear an litir 'h' leis an fhuaim [v] a thaifeadadh.

Seo thíos (Fig. 8.2) sampla de fhreagra a thug an páiste céanna a rinne an tasc Aithint Litreacha thall. Léigh an cláraitheoir scéal gairid amach: *Bhí cat beag ina luí ag an doras. Chonaic sé fear an bhainne ag teacht.* Léigh sí an scéal arís go mall, focal ar fhocal. Tugadh spreagadh don leanbh na fuaimeanna a chuala sé a scríobh síos, le leideanna ar nós, 'An gcluineann tú rud ar bith eile san fhocal?' (Ní thugtar cuidiú le haithint ná le scríobh na bhfuaimeanna).

Le linn an deachtaithe seo, bíonn an cláraitheoir ag breathnú go cúramach ar an leanbh.   An scríobhann sé gan deacrachtaí?   An scríobhann sé go líofa?   An gcuireann sé ceist?   An bhfuil ciall aige do threonna nó an scríobhann sé ar fud an leathanaigh gan córas ná treoir leanúnach i bhfeidhm aige?   An bhfuil deacracht aige ag múnlú litreacha? Má scríobhann sé focal mar *t a c,* ar scríobh sé an focal san ord ceart agus sa treo mícheart (ar scríobh sé an litir 'c' i dtús agus ina dhiaidh sin an litir 'a' agus 't'?)

Scríobhann an cláraitheoir síos pointí suimiúla a dtugann sé nó sí suntas dóibh le linn don leanbh bheith ag tabhairt faoin tasc.   Seans nach rachaidh na pointí seo i bhfeidhm ar an scór a gheobhas an leanbh ach go dtabharfaidh sé eolas úsáideach don mhúinteoir is féidir leis nó léi a chur san áireamh i dteagasc na litearthachta.

Tacaíonn na tascanna lena chéile chun pictiúr cuimsitheach a ghlacadh den leanbh i mbun litearthachta.   Mar shampla, sa dréacht thíos, scríobh Lorcán 'h' leis na fuaimeanna san fhocal *bhí* a léiriú.   Scríobh páistí eile sa rang céanna *bhí.*   Scríobh cúpla duine 'vi' don fhocal sin.   Ach taispeánann an tasc Aithint Litreacha nach n-aithníonn Lorcán 'V' ná 'v'.

Sa tasc thuas, feictear go n-aithníonn Lorcán an litir 'e'.   Ach meascann sé 'e' agus 'f', agus tugann sé 'e' ar 'é'.   Ní ábhar iontais, mar sin, go dtaispeánann an tasc deachtaithe go bhfuil roinnt eolais aige ar an fhuaim a bhaineann le 'e'.   Ach taispeánann úsáid 'e' nó 'é' éiginnteacht faoi fhuaimeanna eile (<u>doeas ea fér</u>) / (doras   ina   fear).

Fig. 8.2 CLOISTEÁIL AGUS TAIFEADADH FUAIMEANNA
— LEATHANACH BREATHNAITHE

Ainm: Lorcán   Aois: 6:3   Dáta: 6/12/01

Cláraitheoir: Dáta breithe: 27/8/95   Scór: 23/40

(Fill an líne seo sula dtugtar an leathanach don dalta.)

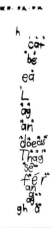

Dúirt an leanbh, 'Níl a fhios agam an dóigh le 'y' a scríobh' i gcomhthéacs an fhocail *bhainne*. Tá ainm na litreach 'y' sa Bhéarla measctha suas leis an fhuaim [w].

Seans go gcluineann sé /d´/in áit /t´/ ag tús 'teacht' agus go scríobhann sé an litir g leis an /d´/ a thaifeadadh.

Tháinig / Chonaic

Treo :   Scríobhann sé an scéal i bhfoirm liosta.

Taispeánann sé láidreachtaí ag tús agus deireadh focal mar shampla <u>l</u>   <u>ea</u>   <u>fér</u>
                                                                                luí   ina   fear

Tá a lán eolais ag Lorcán ar fhuaimeanna na Gaeilge agus ar dhóigheanna inghlactha lena dtaifeadadh. Má chuireann múinteoir Lorcáin na torthaí seo san áireamh ina cuid pleananna ceachta, beidh sí ag cuidiú leis tógáil ar an tuiscint atá aige ar threo na scríbhneoireachta. Tá a chuid oibre córasach. Tosaíonn sé ar an taobh clé den leathanach agus scríobhann sé focal amháin faoin fhocal roimhe ar nós liosta focal. Taobh istigh den léitheoireacht agus den scríbhneoireacht i gcomhpháirt, beidh deiseanna ag an mhúinteoir aird na ndaltaí a dhíriú ar an treo clé → deas.

3. COINCHEAPA CLÓ (CC)

Cad é an t-eolas atá ag an dalta ar an dóigh a scríobhtar teanga síos agus an dóigh a n-oibríonn cló? Sealbhaíonn mórchuid na bpáistí atá cleachta le leabhair agus léitheoireacht sa bhaile na coincheapa seo le linn na tréimhse réamhscoile. Ach beidh páistí eile ann nach mbeidh na coincheapa sin acu i ndiaidh bliana de chlár litearthachta sa bhunscoil. Beidh daltaí ann a thuigeann na coincheapa a bhaineann le tús leabhair, clúdach agus cúl, ach nach dtuigeann go bhfuil an scéal le léamh sna focail seachas sna pictiúir. Beidh páistí eile a thuigeann go léitear an téacs ach nach n-aithníonn an difear idir focal agus litir. Beidh daltaí eile sa rang céanna a thuigeann na coincheapa sin agus nach bhfuil ciall acu do chomharthaí poncaíochta agus araile. Go bunúsach, tá sé tábhachtach go mbeadh léargas ag an mhúinteoir ar na difríochtaí seo, ar an eolas atá ag gach dalta, agus ar an mhéid eolais atá aige nó aici.

Sa tasc seo, léann an múinteoir leabhair a thugann deiseanna don dalta nósanna cló a thuigeann sé nó nach dtuigeann sé a léiriú. Cuirtear ceisteanna ar an dalta a thagraíonn do choincheapa cló ar gach leathanach. Go minic, bíonn sé deacair ag an mhúinteoir fios a bheith aige nó aici faoin áit a ndíríonn dalta aird amhairc. Mar shampla, nuair a deir múinteoir le rang, 'Féachaigí ar an chéad fhocal' le linn léitheoireachta i gcomhpháirt nó faoi threoir, ní bhíonn a fhios aige nó aici cá mhéad de na daltaí nach dtuigeann an coincheap 'céad' nó 'focal' agus atá ag amharc ar phictiúr nó ar an téacs iomlán nó ar an chéad litir. Míníonn Clay (2000: 141) cuid de na himpleachtaí a bhaineann leis an fhadhb seo:

> Teachers cannot assume that beginning readers can isolate for attention the things the labels refer to. If they cannot and the teacher uses the terms without checking, the teaching-learning interaction goes astray.

Tugann an tasc seo eolas don mhúinteoir ar na gnéithe den chló a ndíríonn daltaí aird amhairc orthu. Seo thíos leathanach amháin as an leabhar CC, 'Siúlóid'. Nuair a chuireann an múinteoir ceisteanna faoin chló ar an leathanach seo, bíonn sé nó sí ag cuardach fianaise de threoshuíomh cló agus de mheaitseáil focal béil le focal i gcló.

Fig. 8.3

Téacs a léann an múinteoir don dalta le linn don dalta a bheith ag amharc ar an scéal:

Lch. 4	Lch 5
Tháinig mé chuig an uisce. Shuigh mé síos. Bhí an t-uisce glas.	PICTIÚR

MÍR 3   TÁSTÁIL: *Rialacha a bhaineann le treo.*

Abair: 'Taispeáin dom cén áit a / cá háit a / cá dtosaím ag léamh.'

Scór: 1 phointe don bharr ar chlé.

MÍR 4   TÁSTÁIL: *Gluaiseann sé ó chlé go deas ar líne ar bith*

Abair: 'Cén bealach a dtéim?'

Scór: 1 phointe má deir an dalta gur cheart dom léamh ó chlé go deas.

MÍR 5   TÁSTÁIL: *Aisfhilleadh*

Abair: 'Cá háit a / cén áit a / cá dtéim ina dhiaidh sin?'

Scór: 1 phointe d'aisfhilleadh ar chlé nó do ghluaiseacht síos an leathanach.

(Scóráil míreanna 3-5 má thaispeántar na gluaiseachtaí go léir mar aon fhreagra.)

MÍR 6   TÁSTÁIL: *Díriú méire focal ar fhocal.*

Abair: 'Dírigh do mhéar air agus mé ag léamh.'

Léigh an téacs ar leathanach 4 go mall ach go líofa.

Scór: 1 phointe ar chumarsáid bheacht.

Má leanann an múinteoir na treoracha thuas, gheobhaidh sé nó sí léargas ar an tuiscint atá ag an leanbh ar na nithe seo a leanas:

- Coincheapa bunúsacha ar nós 'léamh';
- Coincheapa agus téarmaí a bhaineann le treoshuíomh agus seicheamh, mar shampla 'tús', 'ina dhiaidh sin', ' bealach', nuair a úsáidtear iad i gcomhthéacs cló;

- Cumarsáid duine le duine. Ag pointí eile sa scéal, fiosrófar coincheapa níos casta, mar shampla, comhdhéanamh agus seicheamh litreacha i bhfocail agus focal in abairtí.

4. TEIST FOCAL

Úsáidtear an teist seo chun eolas a fháil ar na focail ardmhinicíochta atá an dalta a thógáil le linn na chéad bhliana foirmiúla de theagasc na litearthachta sa bhunscoil. Iarrtar ar an dalta liosta de 15 fhocal a léamh. Ní thugtar leid ar bith le linn na dtascanna seo. Roghnaíodh na focail ardmhinicíochta seo as na leabhair léitheoireachta atá in úsáid sa chéad agus sa dara bliain de theagasc na léitheoireachta i mbunscoileanna na tíre. Ullmhaíonn múinteoirí ranga i mbunscoileanna éagsúla a gcuid liostaí focal féin. Ní bhíonn mórán difríochta idir na liostaí seo. Mar sin féin, bheadh sé úsáideach ag múinteoirí na scoileanna lán-Ghaeilge liosta a bheith ar fáil acu a roghnaítear go córasach as na téacsleabhair léitheoireachta is mó atá i bhfeidhm sna scoileanna agus leabhair nuafhoilsithe san áireamh. Tugann an teist seo dhá chineál eolais: i) sampla de chumas an linbh ag léamh focal gan comhthéacs agus ii) eolas comparáideach ar an leanbh i gcomparáid le daltaí eile atá ar comhaois leis nó léi sna bunscoileanna lán-Ghaeilge.

5. SCRÍOBH STÓR FOCAL

Sa tasc seo, iarrtar ar an dalta a oiread focal agus a thig leis nó léi a scríobh taobh istigh de 10 nóiméad. Tá cead ag an mhúinteoir focail a lua is dócha a bheadh ar eolas ag an dalta, ar nós 'Mamaí', 'tá', 'mé', 'tú', 'ag', 'rith', 'le' agus 'cat'. Is féidir leideanna eile a thabhairt má stopann an páiste, ar nós, 'An féidir leat d'ainm a scríobh?'

Tabharfar marc do gach focal atá scríofa go beacht. Tá treoracha ann do cheisteanna éagsúla, mar shampla, tugtar marc d'fhocal a scríobhann an páiste ó dheas go clé, fad is gur thosaigh sé ar dheis (t a c).

Bainfidh an múinteoir a lán eolais as a chuid breathnaithe ar an tasc seo. Beidh dalta amháin ábalta an chéad litir dá ainm féin a scríobh agus beidh dalta eile ábalta 40 focal a scríobh. Scríobhfaidh an múinteoir nótaí ar na pointí suimiúla a thugann sé faoi deara le linn na 10 mbomaite. Tugann samplaí de scríbhneoireacht pháiste léargas ar an tuiscint atá aige ar chló. Caithfidh an páiste aird a thabhairt ar sheicheamh litreacha agus ar mhúnlú na litreacha. Léireofar an chiall atá ag an dalta do threo-eolas. Cá háit ar an leathanach ar thosaigh an dalta ag scríobh agus ar lean sé patrún nó córas? Ar scríobh sé go líofa nó an raibh a lán leideanna de dhíth air nó uirthi? Ní gá don dalta bheith ábalta na focail a scríobhann sé nó sí a léamh sa tasc seo, ach tá an t-eolas faoin nasc idir léamh agus scríobh úsáideach. Mar sin, déanfaidh an múinteoir nóta d'fhocal a scríobhann páiste síos nach ionann agus an focal a dúirt sé nó sí.

6. Taifead Reatha

Seo an t-aon cheann de na 6 thasc a úsáidtear go neamhspleách ar na tascanna eile. Is tasc breathnaithe é seo fosta. Breathnaíonn an múinteoir ar an dalta i mbun léitheoireachta agus glacann sé nó sí taifead reatha. Is uirlis mheasúnaithe úsáideach é an taifead reatha. Tugann sé léargas glinn ar leibhéal deacrachta an téacs don léitheoir óg agus ar na straitéisí atá ag an dalta le tabhairt faoi fhocail nach n-aithníonn sé. Léiríonn sé patrúin nó nósanna eile, ar nós claonadh an pháiste diúltú d'fhocal neamhaitheanta agus leibhéal spleáchais nó neamhspleáchais an léitheora. Feictear a mhinice a iarrann dalta cuidiú ar an mhúinteoir chomh maith le minicíocht féincheartúcháin. Más nós leis an dalta aird a thabhairt ar an fhoghraíocht seachas ar struchtúr na teanga, taispeánfar patrún sa taifead a bheidh an múinteoir ranga ábalta a chur san áireamh i bpleanáil nó i bhforbairt clár litearthachta. Déanann roinnt mhaith múinteoirí ranga taifid reatha uair nó dhó gach téarma. Coinníonn múinteoirí an chláir taifead reatha gach lá chun eolas a fháil ar dhul chun cinn an dalta.

Seo thíos cuid de thaifead mar shampla. Nuair a tharlaíonn earráid, léirítear an téacs faoin líne agus an rud a dúirt an dalta os cionn na líne.

Fig. 8.4

TAIFEAD REATHA

Ainm: Dáta:

Téacs: *An Fear Sneachta* (L2) (Kingscourt)

Noda measúnaithe: B *brí* S *struchtúr* C *cuma*

AN TÉACS		EARRÁID	FÉINCHEART.
lch 8 Chuir mé béal air	√ √ bád aige béal air	BSC BSC	
lch 10 Chuir mé lámha air	√ √ liathróid √ lámha	BSC	
lch 12 Chuir mé hata air	√ √ √ aige FC air	BSC	BSC
lch 14 'Amharc, rinne mé fear sneachta!'	Amach √ √ Amharc √ √	BSC	

Cros-seiceáil eolais: *Tá béim ar an chéad chonsan (cuma agus fuaim). Ceartaíonn sé é féin uair amháin. Tá sampla amháin de chros-seiceáil le Brí (nó ciall agus comhthéacs) agus Struchtúr.*

Sna dréachtaí thuas tugtar léargas ar na tascanna breathnaithe a dhéantar mar chuid den Phróifíliú sa Luathlitearthacht. Cuideoidh an PAL le múinteoirí dul i dtaithí ar scileanna agus nósanna breathnaithe córasacha mar dhea-chleachtas gairmiúil luachmhar i gcomhthéacs an tseomra ranga. Mar chuid den áis seo, tabharfar leaganacha éagsúla de na tascanna, ag an leibhéal céanna, rud a chiallóidh go mbeidh sé níos fusa na tascanna a dhéanamh arís is arís eile thar thréimhse ama. Mar shampla, foilseofar 3 leabhar bunaithe ar Choincheapa Cló. Beidh samplaí inmhalartaithe de na deachtuithe chomh maith le liostaí focal iontu. Beifear ábalta an próifíliú a athdhéanamh ag deireadh téarma, mar shampla, agus tascanna éagsúla a úsáid an dara huair.

Tá an taighde seo, atá de dhíth leis an áis mheasúnaithe seo a fhorbairt, ar siúl ó dheireadh na bliana 2001. Tá saothar dúshlánach i gceist chun an obair a thabhairt i gcrích. Mar sin féin, tá dea-chomharthaí ann cheana féin gur áis phraiticiúil úsáideach a bheas i dtoradh na hoibre seo. Mar fhocal scoir, tugtar buíochas do gach duine atá ag tacú leis an tionscnamh agus atá páirteach ann.

NÓTAÍ

[1] Is ionann Rang 1 sa léacht seo agus an chéad bhliain ar scoil do na páistí i gcóras scolaíochta Thuaisceart Éireann; is ionann sin agus na Naíonáin Bheaga i gcóras scolaíochta Phoblacht na hÉireann. Agus mar sin de le Rang 2, 3, 4 srl. arb ionann iad agus na Naíonáin Mhóra, Rang 1 agus Rang 2, faoi seach i gcóras na Poblachta.

FOINSÍ

Clay, M. (1993a athchló). *Observing Young Readers*. Heinemann. Portsmouth, New Hampshire.

—— (1993b). *Reading Recovery: A Guidebook for Teachers in Training*. Heinemann. Auckland.

—— (1998 athchló). *An Observation Survey of Early Literacy Achievement*. Heinemann. Auckland.

—— (2000 athchló). *Becoming Literate: the Construction of Inner Control*. Heinemann. Auckland.

Cummins, J. (2000*). Language, Power and Pedagogy: Bilingual Children in the Crossfire*. Clevedon.

Frederickson, N. agus Clyne, T. (eag.) (1996). *Curriculum Related Assessment, Cummins and Bilingual Children*. Clevedon.

Nig Uidhir, G. (2001). 'Taithí an Tumoideachais: Achar Foghlama d'Oideachasóirí', in *Taighde agus Teagasc I*.

TUARASCÁLACHA

Comhairle Curaclaim, Scrúduithe agus Measúnaithe Thuaisceart Éireann (2002). *Curriculum Review. Summary of Proposals for the Revised Primary Curriculum and its Assessment Arrangements*. Béal Feirste.

Eagraíocht um Chomhar agus Fhorbairt Eacnamaíochta, An (1997). *International Adult Literacy Survey*.

EYECP. Féach Sproule, L. *et al.*

Gníomhaireacht Staidrimh agus Taighde Thuaisceart Éireann (1998). *Adult Literacy in Northern Ireland*. Béal Feirste.

IALS. Féach Na Náisiúin Aontaithe.

Munn, P. agus Ellis, S., Deloitte & Touche Management Consultants (2001). *Report on the Longitudinal Evaluation of Reading Recovery in Northern Ireland.* Srath Cluaidhe.

Na Náisiúin Aontaithe (2001). *UNDP Human Development Report* 2001. Nua-Eabhrac.

Department for Education and Employment (1998). *National Literacy Strategy: Framework for Teaching.* Londain.

Department of Education of Western Australia (DEWA) (1999). *First Steps,* NLS edition. *A Practical Introduction to First Steps: Assessment, Teaching and Learning.* Oxford.

Roinn Oideachais Thuaisceart Éireann (1998). *School Improvement. The Northern Ireland Programme.* Béal Feirste.

Sproule, L., Rafferty, H., Trew, K., Sheehy, N., McGuinness, C. agus Walsh, G. (eag.) (2001). *The Early Years Enriched Curriculum Project: Interim Report.* Béal Feirste.

9

Cumas agus Cleachtas na Litearthachta i measc Daoine Fásta sa Ghaeltacht

Tadhg Ó hIfearnáin

 Tá an Dr Tadhg Ó hIfearnáin ina léachtóir le Gaeilge in Ollscoil Luimnigh. Is saineolaí é ar cheisteanna sochtheangeolaíochta, ábhar a bhíonn sé a theagasc ar chúrsaí fochéime agus iarchéime na hOllscoile. Tá sé ina reachtaire ar 'An Seimineár Sochtheangeolaíochta', grúpa taighde a thugann faoi thionscail ar theanga agus sochaí na Gaeilge agus a thugann deis cainte agus machnaimh do na speisialtóirí atá ag saothrú sa réimse sin léinn in Ollscoil Luimnigh, i gColáiste Mhuire gan Smál agus in Institiúid Teicneolaíochta Thrá Lí. Tá suim faoi leith aige in idé-eolaíocht teanga na hÉireann agus i bpolaitíocht agus i bpleanáil na Gaeilge agus na Gaeltachta. Tá taighde trí bliana ar shaol phobal Gaeilge Mhúscraí curtha i gcrích aige.

RÉAMHRÁ

Tá borradh faoin taighde acadúil ar cheist na litearthachta agus ar na dóigheanna leis na leibhéil éagsúla litearthachta sa phobal a thomhas le 20 bliain anuas. Faoi mar a léiríonn Wagner (: 789), obair chomparáideach atá i gcuid mhaith den taighde seo a bhfuil d'aidhm aige an cumas litearthachta i dtíortha faoi leith a chur i gcomórtas lena chéile agus forbairt agus rath an chórais oideachais sna tíortha sin a scrúdú dá bharr. In ainneoin chorpas an tsaothair seo agus na n-uirlisí a forbraíodh chun na cineálacha scile sa léitheoireacht agus sa scríobh a mheá, ní fhéadfaí a rá go bhfuil slat tomhais amháin in úsáid ar fud an domhain le méid na faidhbe a thuiscint. Ní bhíonn an sprioc chéanna ag gach córas oideachais agus ag gach plean forbartha don litearthacht, agus is beag stát, fiú i measc thíortha forbartha na hEorpa, a bhfuil spriocanna litearthachta leagtha amach sa dá theanga aige do shochaí dhátheangach, bíodh na spriocanna sin ag leibhéal na scoile nó ar son daoine fásta.

Glactar go forleathan leis, mar sin féin, go bhfuil dlúthcheangal idir scileanna litearthachta agus cumas teanga, agus ina theannta sin go gcuireann cumas litearthachta an duine le forbairt scileanna na teanga ó thaobh foclóra agus teilgean cainte de. Bíonn stór áirithe focal i dteanga dhúchais, nó i dteangacha dúchais, an pháiste sula dtugann sé faoin léamh agus faoin scríbhneoireacht a fhoghlaim. Tosaíonn an litearthacht nuair a bhíonn an foghlaimeoir in ann na focail agus na habairtí a bhíonn ar eolas aige cheana féin a aithint. De réir mar a fhaigheann an duine greim ar na heochracha sin, bíonn sé ar a chumas tógáil orthu agus focail nua a fhoghlaim, agus struchtúir teanga agus nathanna eile atá níos casta a thabhairt leis. Ní iontas ar bith an gaol idir stór focal an fhoghlaimeora óig agus a chumas léitheoireachta ina theanga dhúchais. Cheapfaí, b'fhéidir, buntáiste a bheith ag an duine fásta ar an bpáiste agus é ag tosú ag léamh sa mhéid gur leithne a fhoclóir agus an t-eolas a bhíonn aige ar an teanga, ach is beag difear a dhéanann sé maidir le próiseas forbartha na teanga. Cuireann an duine fásta lena chumas mórán ar an dóigh chéanna leis an bpáiste.

Is iad na deacrachtaí is mó a aimsíodh sa taighde seo ar an litearthacht, agus go háirithe ar an léitheoireacht, i nGaeltacht Mhúscraí ná easpa saibhreas nádúrtha Gaeilge i measc na gcainteoirí óga agus an dóigh a ndíothaítear cumas léitheoireachta na ndaoine tar éis dóibh an scoil a fhágáil de dheasca nach léitear mórán i nGaeilge ón am sin i leith.

Tá an t-alt seo bunaithe ar thaighde a rinneadh idir samhradh 2000 agus Feabhra 2002 in iarthar Mhúscraí, ceantar oifigiúil Gaeltachta atá in iarthar Chontae Chorcaí ar imeall theorainn thoir Chiarraí. Cuireadh agallamh fada ceistneora ar 239 cainteoir Gaeilge sa dúiche agus rinneadh thart ar 30 agallamh breise cáilíochta le cuid de mhuintir na háite ar mhaithe le roinnt de na ceisteanna a nochtadh sna hagallaimh chainníochta a shoiléiriú. Ní raibh de shlat tomhais ar chumas Gaeilge na ndaoine a ceistíodh ach go raibh go leor den teanga acu chun an t-agallamh a dhéanamh, ach bhí ardchaighdeán ag a mbunús. Cainteoirí Gaeilge Gaeltachta a bhí iontu ar fhreastail a bhformhór ar scoileanna áitiúla le linn a n-óige. Roinneadh an pobal ina chúig ghrúpa de réir aoise, agus rinneadh na hagallaimh le fir agus le mná de réir a gcoibhneas sna haoisghrúpaí sin i nDaonáireamh 1996.

Fig. 9.1 Suirbhé ar Ghaeltacht Mhúscraí 2000-01: Líon na n-agallamh

Aoisghrúpa	Líon na nAgallamh	Céatadán
15-19 bl.	46	19.2 %
20-29 bl.	46	19.2 %
30-44 bl.	60	25.1 %
45-59 bl.	40	16.7 %
60 + bl.	47	19.7 %
Iomlán	*239*	*100 %*

Ba é 3,446 daonra an cheantair i 1996 agus dúirt 2,633 (76.4%) díobh go raibh an Ghaeilge acu, cé nár mhaígh ach 1,333 (38.7%) gur bhain siad úsáid aisti go laethúil. Fiú gan aon anailís a dhéanamh, taispeánann na figiúirí sin go bhfuil an teanga imeallach ar go leor dóigheanna i saol na dúiche. Ní féidir a shéanadh, mar sin féin, go bhfuil an Ghaeilge á labhairt mar theanga phobail i gcuid den cheantar, ar a laghad, agus go bhfuil tábhacht ag baint léi i bhféiniúlacht an phobail trí chéile. Ba é príomhchuspóir an taighde seo a thuiscint cén dóigh a bhféadfadh teanga atá lag go leor i dteaghlaigh an cheantair bheith á seachadadh ag an bpobal ag an am céanna. Tá an léitheoireacht ar cheann de na ceangail a bhíonn ag mionphobal Gaeltachta le saol na teanga lasmuigh den cheantar, agus theastaigh uaim a luach mar uirlis sheachadta teanga a thomhas. Is amhlaidh an scéal i dtaobh na meán Gaeilge, agus gan amhras is mór an crann taca an scolaíocht agus an t-oideachas.

Ceantar beag ina bhfuil mionphobal Gaeilge is ea é, mar sin, ach is mór an difear idir na ceantair éagsúla laistigh den limistéar ó thaobh labhairt laethúil na Gaeilge de, rud atá soiléir i bhfianaise an Daonáirimh, agus a dhearbhaigh pobal na dúiche sna hagallaimh thaighde. Roinneadh an dúiche ina ceithre chuid chun dul i mbun taighde: Ceantar Chúil Aodha; ceantar Bhéal Átha an Ghaorthaidh; sráidbhaile Bhaile Mhic Íre agus an ceantar máguaird; ceantar Chill na Martra, ar cuireadh cuid mhaith de isteach sa Ghaeltacht oifigiúil de chéaduair i 1982.

CUMAS TEANGA AN PHOBAIL

Mar a dúradh thuas, níl aon amhras ann ach go bhfuil baint idir cumas ginearálta an duine sa teanga agus a scileanna litearthachta, agus go gcuireann an dá ghníomh sin lena chéile. Cé gur deacair cumas Gaeilge mhuintir Ghaeltacht Mhúscraí a thomhas go hoibiachtúil, is féidir staidreamh an Stáit a úsáid mar uirlis chun meastachán a dhéanamh ar líon na ndaoine a labhraíonn an Ghaeilge mar phríomhtheanga sa bhaile. Faightear líon na dteaghlach a bhfuil páistí in aois scoile acu agus a labhraíonn an Ghaeilge mar phríomhtheanga sa bhaile ó thorthaí Scéim Labhairt na Gaeilge, córas deontais don teaghlach a cuireadh ar bun i 1993 in ionad dheontas na £10 a thugtaí don pháiste aonair. Tugann na figiúirí líon na dteaghlach dúinn a bhfuil cumas nádúrtha an dúchais ag a gcuid páistí agus iad ag dul ar scoil, nó ar a laghad a bhfuil an cumas sin ag a dtuismitheoirí.

Fig. 9.2 Na ceantair éagsúla sa dúiche

1. Ceantar Chúil Aodha

Toghroinn	Daonra	Gaeilge acu	a labhraíonn Gaeilge gach lá
Gort na Tiobraid	438	365 (**83.3** %)	246 (**56.2** %)

2. Ceantar Bhéal Átha an Ghaorthaidh

Toghranna	Daonra	Gaeilge acu	a labhraíonn Gaeilge gach lá
Claonráth	166	121 (**72.9** %)	72 (**43.4** %)
Béal Átha an Ghaorthaidh (M)	523	438 (**83.7** %)	251 (**48** %)
Béal Átha an Ghaorthaidh (DM)	188	138 (**73.4** %)	75 (**39.9** %)

3. Na sráidbhailte: Ceantar Bhaile Mhic Íre agus cuid de Bhaile Bhuirne

Toghranna	Daonra	Gaeilge acu	a labhraíonn Gaeilge gach lá
Sliabh Riabhach	747	578 (**77.4** %)	284 (**38** %)
Na hUláin	564	424 (**75.2** %)	194 (**34.4** %)

4. Ceantar Chill na Martra agus Ré na nDoirí.

Toghranna	Daonra	Gaeilge acu	a labhraíonn Gaeilge gach lá
Doire Finín	243	165 (**67.9** %)	63 (**25.9** %)
Ceann Droma	256	186 (**72.7** %)	72 (**28.1** %)
Cill na Martra	321	218 (**67.9** %)	76 (**23.7** %)

Foinse: An Phríomhoifig Staidrimh. Ríomh Speisialta ó Dhaonáireamh 1996

Cuireann an chuid is mó de na teaghlaigh a cheapann go gcomhlíonann siad na riachtanais chuí isteach ar an deontas, de réir dealraimh. Is féidir a mheas go bhfaigheann thart ar an deichiú cuid de na teaghlaigh a bhfuil páistí in aois scoile acu an deontas iomlán sa dúiche ar fad, ach go bhfaigheann breis agus an tríú cuid de na teaghlaigh i gceantar Chúil Aodha é.

Fig. 9.3 Teaghlaigh a fuair deontas faoi 'Scéim Labhairt na Gaeilge':
         Meán bliantúil 1993/94 go 2000/01

Ceantar (mar atá i gClár 2)	Deontas Iomlán	Deontas Laghdaithe	Iomlán
1. Cúil Aodha	13	10	*23*
2. Béal Átha an Ghaorthaidh	10	20	*30*
3. Baile Mhic Íre	8	24	*32*
4. Cill na Martra	0	9	*9*
Iomlán	*31*	*63*	*94*

Foinse: An Roinn Gnóthaí Pobail, Tuaithe agus Gaeltachta

Cé nach ionann diúltú an deontais nó an deontas laghdaithe a bheith ag an teaghlach agus gan aon Ghaeilge a bheith á labhairt sa bhaile, má chuirtear torthaí na Scéime i gcomórtas le líon na ndaoine a mhaíonn go mbaineann siad úsáid laethúil as an teanga, is léir go bhfuil go leor leor daoine ag foghlaim a gcuid Gaeilge lasmuigh den teach, go háirithe sa chóras réamhscolaíochta agus scoile, agus i measc an phobail. I bhFigiúr 9.4, cuir i gcás, chítear go mbaineann 68% d'ógánaigh Chúil Aodha úsáid laethúil as an nGaeilge cé go bhfuil a fhios againn nach bhfuil an teanga mar phríomhtheanga bhaile ach ag an tríú cuid díobh. Ar an ábhar go bhfuil an céatadán sin úsáide measartha buan trí na haoisghrúpaí go léir ní féidir é a mhíniú de bharr thionchar na scoile amháin mar sin féin, cé gur dócha gur fíor sin i gcás na bhfocheantar eile sa dúiche, mar a dtiteann na rátaí úsáide go mór sna haoisghrúpaí iarscoile.

Fig. 9.4 Líon na ndaoine a bhfuil Gaeilge acu agus a labhraíonn í gach lá, de réir aoise

Ceantar	15-19 bl	20-29bl	30-44 bl	45-59 bl	60 + bl
1. Cúil Aodha	26 (68%)	34 (67%)	42 (69%)	29 (51%)	45 (63%)
2. Béal Átha an Ghaorthaidh	46 (69%)	39 (42%)	82 (54%)	38 (45%)	60 (42%)
3. Baile Mhic Íre	80 (64%)	35 (26%)	69 (38%)	68 (42%)	68 (39%)
4. Cill na Martra	39 (70%)	22 (22%)	20 (17%)	33 (40%)	18 (19%)

Foinse: An Phríomhoifig Staidrimh. Ríomh Speisialta ó Dhaonáireamh 1996

Sa taighde seo cuireadh ceist ar chainteoirí Gaeilge na dúiche cad é an chéad teanga a labhair siad agus iad ag fás aníos chun tuilleadh eolais a fháil fúthu, agus chun foinse mheastacháin eile a bheith againn ar a chompordaí a bhí siad sa teanga chun an léitheoireacht agus an scríobh a fhoghlaim inti agus iad ag tosú ar scoil. Sa suirbhé ar fad dúirt tuairim is an tríú cuid gurbh í an Ghaeilge an chéad nó an phríomhtheanga a d'fhoghlaim siad, an tríú cuid gur fhoghlaim siad an dá theanga le chéile agus thart ar an tríú cuid arís gurbh é an Béarla an teanga a labhraíodh de chéaduair sa bhaile, rud a chiallaíonn gan dabht go bhfuair siad a gcuid Gaeilge tar éis dóibh tosú ar scoil. Tá impleacht thar a bheith tábhachtach do chúrsaí litearthachta san fhianaise seo. Is i nGaeilge a bhíonn lucht scoile an cheantair ag foghlaim na léitheoireachta. Ní mór a rá nárbh í an teanga dhúchais í ach ag thart ar an gceathrú cuid den phobal ar fad nuair a thosaigh siad ar scoil, agus ar a bharr sin bhí a leath ar bheagán Gaeilge. Is léir gur ag foghlaim na litearthachta agus na teanga i dteannta a chéile a bhí sciar maith den phobal.

Fig. 9.5

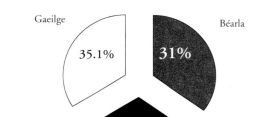

AN CHÉAD TEANGA A FOGHLAIMÍODH

Nuair a amharctar ar fhreagraí na ceiste seo don aoisghrúpa 15-19 mbliana d'aois, an dream atá ag críochnú na scoile i láthair na huaire nó atá díreach tar éis imeacht uaithi, chítear go bhfuil díothú chumas an dúchais i measc na gcainteoirí ag dul i dtreise:

Fig. 9.6

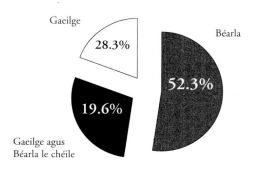

AN CHÉAD TEANGA (15-16 MBLIANA D'AOIS)

Is mionlach iad na cainteoirí Gaeilge sa dúiche, agus mionlach ina measc siúd na daoine a labhair an Ghaeilge mar phríomhtheanga bhaile. Ina ainneoin sin tá ábhar dóchais i seachadadh na teanga sa phobal. Cé go ndúirt 31% den sampla seo de chainteoirí Gaeilge an cheantair gurbh é an Béarla a gcéad teanga, níor mheas ach 8.8% nach raibh Gaeilge ar bith acu nuair a thosaigh siad ar scoil. Nuair a bhíonn an duine faoi agallamh ag smaoineamh ar cheist a bhaineann lena óige is minic blas den dearcadh atá aige anois le mothú ina fhreagra. Imríonn an féinmheas a bhíonn ag an duine ar a chumas sa Ghaeilge agus sa Bhéarla an-tionchar ar na roghanna a dhéantar i labhairt agus i scríobh na teanga tar éis na scolaíochta, agus is ar na daoine dearfacha sin is ceart do scríbhneoirí agus foilsitheoirí díriú.

Fig. 9.7 An cuimhin leat conas a bhí an Ghaoluinn agus an Béarla agat
        nuair a thosnaís ar scoil?

	An Ghaeilge	An Béarla
An-mhaith	47.3 %	51.5 %
Go measartha maith	31.4 %	29.7 %
Ní go rómhaith	12.1 %	8.8 %
Gan aon chuid / go hainnis	8.8 %	10 %

CUMAS NA LÉITHEOIREACHTA

Tá sé an-deacair an fíorchaighdeán léitheoireachta atá ag an duine a mheas gan teist a chur air. Níl a leithéid indéanta leis an gcineál seo taighde, ach cuireadh ceist faoi na fadhbanna a cheap na daoine a bhí acu maidir le léamh na Gaeilge. Dúirt 57.7% nach raibh aon deacracht acu i dtaca le léamh na teanga. Is gnách le daoine a cheapadh go bhfuil siad níos fearr ná mar atá sa chineál seo suirbhé, agus is díol suime gurb ionann na freagraí a tugadh is a rá nach raibh leisce ar 42.3% de chainteoirí Gaeilge an cheantair seo Ghaeltachta a thabhairt le fios go raibh fadhbanna beaga nó móra acu le léamh na Gaeilge.

Fig. 9.8 Cé chomh maith agus atá tú chun an Ghaoluinn a léamh?

Ní féidir liom í a léamh	1.3 %
Aithním cúpla focal nó abairtí simplí	2.1 %
Is féidir liom í a léamh le cabhair	5.4 %
Ní féidir liom í a léamh ach nuair is í Gaoluinn na háite seo í	13.0 %
Ní féidir liom ach an Seanchló a léamh	0.4 %
Maith go leor ach bíonn fadhbanna agam in amanna	20.1 %
Ní bhíonn aon deacracht agam	57.7 %

Nuair a dhéantar anailís ar na torthaí de réir aoise, nochtar fíricí tromchúiseacha eile a léiríonn an coibhneas idir an cumas nó an laige sa teanga agus na scileanna léitheoireachta.

Fig. 9.9 Cumas léitheoireachta de réir aoise

	15-19 bliain	20-29 bliain	30-44 bliain	45-59 bliain	60 + bliain
Ní féidir liom í a léamh	2.2%	-	-	-	4.3%
Aithním cúpla focal nó abairtí simplí	-	2.2%	3.3%	2.5%	2.1%
Is féidir liom í a léamh le cabhair	4.3%	2.2%	11.7%	5.0%	2.1%
Ní féidir liom í a léamh ach nuair is í Gaoluinn na háite seo í	17.4%	6.5%	15.0%	7.5%	17.0%
Ní féidir liom ach an Seanchló a léamh	-	-	-	-	2.1%
Maith go leor ach bíonn fadhbanna agam in amanna	23.9%	28.3%	20.0%	15.0%	12.8%
Ní bhíonn aon deacracht agam	52.2%	60.9%	50.0%	70.0%	59.6%

Is iad na daoine os cionn 45 bliain d'aois is lú deacracht ó thaobh léamh na Gaeilge de, agus an dream is óige agus idir 30 agus 44 bliain d'aois is mó deacracht. Mar sin, is ag an ngrúpa atá ar scoil nó atá díreach tar éis a fágála agus ag aoisghrúpa thuismitheoirí na bpáistí scoile atá na deacrachtaí is follasaí. Is ó na hagallaimh cháilíochta a fhaightear míniú an scéil seo. Ar an gcéad dul síos is iad na grúpaí seo atá ar scoil nó a bhfuil a gcuid páistí ar scoil is mó teagmháil leis an bhfocal scríofa agus a aithníonn a gcuid deacrachtaí dá bharr. Ní léir go bhfuil cumas na ndaoine sa ghrúpa idir 20 agus 29 bliain d'aois níos fearr ná an dá ghrúpa is laige, cé gur fíor go raibh cuid de na daoine seo ar ollscoil nó faoi oiliúint nuair a ceistíodh iad. Is mó muinín atá acu as a gcuid scileanna litearthachta ná an dá dhream eile, ach ag an am céanna is túisce a admhaíonn siad go mbíonn 'fadhbanna acu in amanna' leis an léamh ná aon aoisghrúpa eile.

Tá próiseas eile ar siúl i measc na ndaoine sna grúpaí is sine. Tá a gcuid Gaeilge níos saibhre i bhfad ná an dream is óige. Faoi mar a dúradh sna hagallaimh, is maith le cuid mhaith acu bheith ag éisteacht le canúintí eile agus ní chuireann corrfhocal aisteach, roghanna focal agus litriú an chaighdeáin, ná nathanna cainte ó cheantar eile as dóibh agus iad ag léamh de thairbhe a stór focal agus acmhainn phearsanta teanga a bheith níos doimhne agus níos leithne agus an léitheoireacht níos éasca acu dá réir. Nuair a iarradh ar chuid de na daoine is sine sa suirbhé cad chuige ar cheap siad go raibh a gcumas léitheoireachta níos fearr ná an dream óg dúirt siad gur ghnách leo i bhfad níos mó a léamh ina n-óige, idir leabhair Ghaeilge agus Bhéarla, ná mar a dhéanann an óige anois. Tacaíonn torthaí an tsuirbhé leis an dearcadh sin go pointe áirithe sa mhéid is go ndúirt i bhfad Éireann níos mó den dá dhream is sine linn go raibh leabhair Ghaeilge sa bhaile acu agus iad óg ná mar a dúirt aon dream eile.

Ag an am céanna is iad an t-aoisghrúpa is sine agus is óige araon is mó a mhaígh nárbh fhéidir leo an Ghaeilge a léamh ach dá mbeadh an téacs sa chanúint áitiúil. Is furasta é sin a thuiscint i dtaobh na seandaoine, go háirithe an chuid is sine acu sa suirbhé a d'imigh ón scoil tuairim is 70 bliain ó shin, ach cad faoi deara ráitis na ndaoine óga seo? Is dóigh liom gur cruthú é seo ar a laige atá an teanga ag an dream is óige anois, agus is ábhar buairimh do na foilsitheoirí agus don chóras oideachais é. Tá cuid mhór d'aos óg na Gaeltachta a bhfuil an Ghaeilge acu, go háirithe ógánaigh na gceantar ina bhfuil an Ghaeilge anois lag mar theanga phobail, ag titim idir dhá stól. Níl ach mionlach sa cheantar ag dul chun na scoile agus labhairt na Gaeilge go maith acu. Sa suirbhé seo ní mheasann ach 28.3% de dhaoine óga a bhfuil Gaeilge acu gurb í a gcéad teanga í. Níl san fhigiúr sin ach thart ar 19% den aoisghrúpa ar fad. I suirbhé ar na naíonraí Gaeltachta a rinneadh i 1996 mheas stiúrthóirí na naíonraí nach raibh ach 14% de na páistí a d'fhreastail orthu i nGaeltacht na Mumhan ina gcainteoirí dúchais Gaeilge (Hickey, 29). Mar is léir ón aoisghrúpa is sine i suirbhé Mhúscraí, a bhfuil Gaeilge shaibhir áitiúil acu ach a dhearbhaíonn bheith ar a gcompord leis an bhfocal scríofa, ní dócha gur ag na daoine óga a bhfuil an chanúint áitiúil go maith acu is mó atá na deacrachtaí le léamh na teanga.

Mar is eol do chách, is beag deacracht a bhíonn ag an ngnáthléitheoir leis an gcineál teanga atá sna leabhair scoile, eadhon téacsanna scríofa de réir rialacha an Chaighdeáin seachas na canúna. Baineann fadhbanna na gcainteoirí le scríobh de réir an Chaighdeáin seachas lena léamh (Ó Baoill, 117). Is amhlaidh gurb iad na cainteoirí a bhfuil rian den chanúint áitiúil ar a gcuid cainte acu ach gan í a bheith go rómhaith acu ag an am céanna a thugann le fios go bhfuil deacracht acu leis an bhfocal scríofa ar an ábhar nach bhfuil sé cóngarach go leor don sórt Gaeilge a chluineann siad.

Mothaítear an frustrachas ina gcuid freagraí siúd. Níl canúint Mhúscraí acu leis an fhírinne a dhéanamh, ach diúltaíonn siad don Chaighdeán Oifigiúil de dheasca é a bheith bréagach agus obair ag baint lena fhoghlaim.

CLEACHTAS NA LÉITHEOIREACHTA

Múnlaítear nósanna léitheoireachta le linn na hóige de ghnáth, agus is comhartha ar mhéad na léitheoireachta a bhíonn ar siúl lasmuigh den scoil é líon na leabhar a bhíonn sa teach, fiú murab iad na daoine óga a bhíonn á léamh. Sa suirbhé seo cuireadh ceist faoi na nósanna léitheoireachta a bhíodh sa teaghlach nuair a bhí na daoine óg. Is deacair bheith cinnte nach iad na leabhair scoile a bhí i gceann na ndaoine nuair a d'fhreagair siad, ach is cinnte ón eolas a fuarthas gur nós níos daingne bheith ag léamh i mBéarla ná i nGaeilge i dteaghlaigh ina bhfuil nó ina raibh an Ghaeilge. Go deimhin, dúirt 29.3% linn nár léadh leabhar ar bith i nGaeilge sa bhaile le linn a n-óige, nó go fíorannamh. Is ábhar iontais dáiríre go raibh tuilleadh agus an ceathrú cuid den sampla seo ábalta a rá go raibh leabhair á léamh sa Ghaeilge go minic nó ar feadh an ama nuair a bhí siad ag fás aníos.

Fig. 9.10 Nuair a bhís ag fás aníos an ndéanadh aon duine sa tig aon cheann desna rudaí seo?

	Leabhair a léamh i nGaoluinn		Leabhair a léamh i mBéarla	
Ar feadh an ama	9.6 %	27.2 %	28.9 %	64.9 %
Go minic	17.6 %		36 %	
Uaireanta	43.5 %		29.3 %	
Go hannamh	15.1 %	29.3 %	3.3 %	5.8 %
Riamh	14.2 %		2.5 %	

CONCLÚID

Níor cheart a cheapadh gurb ionann líon na ndaoine a bhfuil Gaeilge acu agus líon na ndaoine ar mhaith leo bheith ag léamh as Gaeilge. Dearbhaíonn freagraí na ndaoine sa taighde seo go bhfuil gá le cumas léitheoireachta sa Bhéarla sa Ghaeltacht, dála gach áit eile sa tír, ach lasmuigh de chúrsaí scolaíochta, gur beag gá a mheastar a bheith le cumas maith léitheoireachta sa Ghaeilge. Ní bhíonn an Ghaeilge in úsáid ag na comhlachtaí leathstáit agus príobháideacha a mbíonn an pobal i dteagmháil leo gach lá. Feidhmíonn Bord Soláthair an Leictreachais agus Eircom, cuir i gcás, trí Bhéarla amháin agus ní fhaightear billí agus comhfhreagras i nGaeilge uathu mura n-éilítear iad. Is amhlaidh an scéal don earnáil phríobháideach agus don Státchóras ar fad, diomaite, b'fhéidir, d'obair Údarás na Gaeltachta agus na Roinne Gnóthaí Pobail, Tuaithe agus Gaeltachta. Is amhlaidh go bhféachann formhór na gcainteoirí Gaeilge sa cheantar Gaeltachta seo ar litearthacht na teanga mar rud a bhaineann le caint an phobail agus dá réir sin le hamhráin agus filíocht na dúiche, nó mar rud a bhaineann leis an scolaíocht amháin.

Nuair nach mbaineann saol na heacnamaíochta leas as an nGaeilge scríofa ach go fánach, baineann litearthacht na Gaeilge i gcás an duine fhásta go mór mór le cúrsaí litríochta agus siamsa ar an taobh amháin agus le hobair scoile a gcuid páistí ar an taobh eile. Ar ndóigh, an té nach mbíonn ag léamh, is annamh a bhíonn sé ag scríobh, ach ó tharla gur le haghaidh siompóisiam faoin léitheoireacht a scríobhadh an t-alt seo fágfar cúrsaí peannaireachta ar leataobh. Is beag Gaeilge a léann agus a scríobhann daoine nach bhfuil páistí óga acu, nó nach bhfuil dúil cheana féin acu i leabhair agus in irisí na Gaeilge. Léifeadh an gnáthdhuine Gaeltachta aon rud i nGaeilge a bhainfeadh leis an gceantar féin, bíodh sé ina scéal béaloidis nó ina eachtra staire áitiúla agus chuirfí suim in aon ábhar a bhainfeadh le nuacht na dúiche. Ní shamhlaíonn ach corrdhuine an Ghaeilge le réimsí eile léitheoireachta.

Is iomaí faisnéiseoir a dúirt le linn an taighde seo go raibh an Ghaeilge deacair a léamh, agus tar éis an scoil a fhágáil dóibh go raibh sé deacair dul ina bun agus sult a bhaint aisti. Easpa cleachta agus éagmais taithí ar an teanga a léamh, agus gan gá a bheith ag an duine leis an acmhainn sin na cúiseanna a luadh liom. Mhothaigh go leor an-easnamh sa chineál leabhar a mbeadh dúil acu iontu agus a ghríosódh iad lena léamh.

Is ann do phobal beag Gaeilge sa cheantar áirithe Gaeltachta seo a labhraíonn Gaeilge go maith agus go rialta agus a bhfuil cumas maith léitheoireachta acu. Tá cuid eile den phobal, sciar atá i bhfad níos fairsinge, a bhfuil an Ghaeilge acu, idir labhairt, léamh agus scríobh, ach nach mbaineann úsáid aisti chomh minic is a dhéanann an grúpa is airde cumas. Is é dúshlán na scríbhneoirí, na bhfoilsitheoirí agus lucht forbartha na Gaeilge muinín na ndaoine seo a neartú sa dóigh go spreagfaí iad chun na hacmhainní teanga atá acu a úsáid a oiread is go mbeadh siad ar a gcompord leis an bhfocal scríofa.

Rinneadh an taighde seo le maoiniú de chuid Chomhairle Thaighde na nEolaíochtaí Sóisialta, Acadamh Ríoga Éireann, agus mé ar chomhaltacht ón gComhairle um Thaighde na nDána agus sna hEolaíochtaí Sóisialta. Ba mhaith liom buíochas a ghabháil leo siúd a chabhraigh le hobair an tsuirbhé: Colm Ó hAodha, Gobnait Ní Laoi, Eibhlín Ní Lionaird, Nóra Uí Luasa, Liadh Ní Riada agus Rachel Ní Riada; agus le muintir Ghaeltacht Mhúscraí.

FOINSÍ

Hickey, T. (1999). *Luathoideachas trí Ghaeilge sa Ghaeltacht.* Na Forbacha.

Mesthrie, R. (eag.) (2001). *Concise Encyclopedia of Sociolinguistics.* Amsterdam, Nua-Eabhrac, Oxford, Shannon, Singeapór, Tóiceo.

Ó Baoill, D. P. (1988). 'Language Planning in Ireland: The Standardization of Irish', in P. Ó Riagáin (eag.) *International Journal of the Sociology of Language* 70. *Language Planning in Ireland,* 109-126. Beirlín.

Wagner, D. A. (2001). 'Literacy: Research, Measurement and Innovation', in Mesthrie, R. (eag.) *Concise Encyclopedia of Sociolinguistics,* 787-793.

Ní Léitheoireacht go Léamh
An tAosoideachas agus
Cúrsaí Litearthachta sa Ghaeltacht

Nóirín Ní Ghrádaigh

Tá Nóirín Ní Ghrádaigh ina Bainisteoir ar Breacadh, *an acmhainn aosoideachais don Ghaeltacht, ó 2000. Tá céim le Béarla agus le Gaeilge aici ó Ollscoil Uladh, Cúil Raithin. Bhí sí ina hEagarthóir Litríochta agus Ceoil le Cló Iar-Chonnachta 1994-1998. Bhí sí fostaithe mar Áisitheoir Ealaíon le hÚdarás na Gaeltachta 1998-2000.*

RÉAMHRÁ

Ceann de na chéad rudaí ar gá fiafraí fúthu agus muid ag amharc ar
nósanna léitheoireachta sa Ghaeilge is ea cumas léitheoireachta
mhuintir na Gaeltachta. Is iad pobal na Gaeltachta an grúpa daoine is
mó a mbeadh súil leo bheith ag léamh i nGaeilge ó tharla an teanga acu
ó dhúchas. Ach an bhfuil na scileanna litearthachta acu le bheith ina
gcuid lárnach de phobal léitheoireachta na Gaeilge?

   Níl mórán taighde oifigiúil déanta ar an cheist seo, ach tá a fhios ag
an saol go bhfuil céatadán mór cainteoirí dúchais Gaeltachta – cainteoirí
an-saibhre ina measc – nach léann agus nach scríobhann mórán ar chor
ar bith ina máthairtheanga. Daoine fásta atá i gceist agam, ar ndóigh.
Don té nach bhfuil sé ar a chumas léamh, is cuma cá mhéad nuachtán
Gaeilge a fhoilseofar sa tseachtain, cá mhéad leabhar sa bhliain a
chuirfidh foilsitheoirí na Gaeilge i gcló, nó cén mhargaíocht a
dhéanfaidh siad orthu. Ní bheidh léitheoireacht ann gan cumas
léitheoireachta. Mar sin, creideann Coiste Stiúrtha *Breacadh*, an
acmhainn oideachais do dhaoine fásta sa Ghaeltacht, go bhfuil
bunobair mhór le déanamh i réimse na litearthachta sa Ghaeltacht,

faoi mar atá le déanamh i mBéarla sa Ghalltacht, sula dtiocfaidh feabhas ar nósanna léitheoireachta i gcoitinne.

I 1997 i suirbhé an IALS (Suirbhé Litearthachta Aosaí Idirnáisiúnta) aithníodh gurbh í Éire an dara tír is measa (as na naoi gcinn a bhí páirteach sa suirbhé) ó thaobh chaighdeán na litearthachta i measc daoine fásta de. Cé gurbh ar an Bhéarla a bhí an suirbhé sin dírithe, ba mhaith liom súil a chaitheamh ar na torthaí nó sílim go bhfuil impleachtaí acu don Ghaeilge.

Aithníodh cúig leibhéal litearthachta sa suirbhé, leibhéil a chlúdaíonn éilimh na hoibre, éilimh an bhaile agus éilimh an phobail i saol an duine:

Leibhéal 1: D'fhéadfadh deacracht a bheith ag duine ar an leibhéal seo an treoir ar bhuidéal leighis a léamh, mar shampla;

Leibhéal 2: Ní thiocfadh le duine ar an leibhéal seo plé ach le hábhar an-simplí agus an-soiléir, agus le tascanna nach mbeadh róchasta;

Leibhéal 3: Thiocfadh le duine ar an leibhéal seo plé le píosaí eolais ó roinnt foinsí éagsúla, iad a chur le chéile, iad a chur i gcomparáid lena chéile agus idirdhealú a dhéanamh eatarthu;

Leibhéil 4 & 5: Tugtar tuairisc ar an dá leibhéal seo mar chatagóir amháin sa suirbhé; thiocfadh le duine ar na leibhéil seo píosaí eolais ó go leor foinsí éagsúla a phróiseáil ar iliomad bealaí, agus fadhbanna nó tascanna casta a réiteach.

Tagann na cúig leibhéal litearthachta sin faoi thrí mhór-rannóg:

- *An Litearthacht Phróis*
  An t-eolas agus na scileanna a theastaíonn le hábhar ó nuachtáin, ficsean agus araile a thuigbheáil agus a úsáid;
- *An Litearthacht Cháipéise*
  An t-eolas agus na scileanna a theastaíonn leis an ábhar i bhfoirmeacha oifigiúla, i gcláir ama, i mapaí, i gcairteacha agus araile a aimsiú agus a úsáid;
- *An Litearthacht Chainníochtúil*
  An t-eolas agus na scileanna a theastaíonn le cúrsaí matamaitice a chur i bhfeidhm nó a úsáid in ábhar scríofa.

Sna trí mhór-rannóg sin scóráil timpeall 24% de dhaonra Phoblacht na hÉireann ar an leibhéal is ísle litearthachta (Leibhéal 1). Ní raibh ach 10% de phobal na Danmhairge ar Leibhéal 1, agus ní raibh ach 6% de phobal na Sualainne ar an leibhéal sin. Ní raibh ach tír amháin sa suirbhé a ghnóthaigh scór níos ísle ná Éire, an Pholainn.

Tuairiscíodh chomh maith gur bhain thart ar an séú cuid den daonra Leibhéil 4 agus 5 amach sa suirbhé. Arís, i gcomparáid leis na tíortha eile, ba thoradh lag é sin; bhí thart ar an tríú cuid de dhaonra na Sualainne, mar shampla, ar Leibhéil 4 agus 5.

Gan amhras, tá torthaí an IALS ag tarraingt airde ar ghéarchéim na litearthachta i measc daoine fásta in Éirinn, agus ó 1997 i leith tá méadú suntasach tagtha ar mhaoiniú an Stáit sa réimse sin. Thug an Rialtas gealltanas fadtéarmach i dtaobh na litearthachta sa Phlean Forbartha Náisiúnta, tugadh gealltanas go ndéanfar £30m a infheistiú sa tseirbhís litearthachta aosaí i rith bhlianta an Chláir um Rathúnas agus Cothroime (2000-2003), agus tá tosaíocht tugtha in *Páipéar Bán ar an Oideachas Aosach - Foghlaim ar feadh an tSaoil* (2000) an Rialtais don litearthacht aosach.

Go dtí an bhliain 2000, áfach, ba sheirbhís litearthachta i mBéarla amháin a bhí á forbairt i bhformhór na gceantar Gaeltachta, ainneoin go nglactar leis go hidirnáisiúnta gurb é an bealach is éifeachtaí le dul i ngleic le fadhbanna litearthachta tosú ar mháistreacht a fháil uirthi i máthairtheanga an fhoghlaimeora.

Cár fhág sin an Ghaeltacht agus cainteoirí dúchais Gaeilge? Sa bhliain 1999 eagraíodh cruinniú leis an scéal seo a phlé. Ba iad Oifigigh Aosoideachais na gCoistí Gairmoideachais, agus Oifigigh Oideachais na gComhlachtaí Páirtíochta (is iad sin Cumas Teo., Páirtíocht Thír Chonaill / Meitheal Forbartha na Gaeltachta agus Meitheal Mhaigh Eo) sna ceantair Ghaeltachta a d'fhreastail ar an chruinniú. Pléadh an scéal go mion, agus aithníodh go raibh géarghá le cur chuige faoi leith i dteagasc na litearthachta i measc daoine fásta sa Ghaeltacht.

Aontaíodh gur cheart bunchlár oideachais a chur ar fáil do chainteoirí dúchais Gaeilge ina máthairtheanga i ngach ceantar Gaeltachta. Chuige sin, socraíodh ar sheirbhís a fhorbairt a bheadh ar aon dul leis an tseirbhís atá ar fáil ó cheann ceann na tíre do chainteoirí dúchais Béarla:

- Chuirfeadh na Coistí Gairmoideachais ranganna duine le duine agus ranganna nach mbeadh ach cúpla duine iontu ar fáil.
- Bheadh an teagasc chomh dírithe agus ab fhéidir ar riachtanais agus ar spriocanna an fhoghlaimeora fhásta, go háirithe sna ranganna príobháideacha (.i. cuidiú le foirmeacha oifigiúla a

líonadh, cúnamh le litreacha pearsanta a scríobh, nó le cúrsaí uimhearthachta agus mar sin de).

- Bheadh mórchuid na n-acmhainní foghlama bunaithe ar chaint nádúrtha na bhfoghlaimeoirí, faoi mar a bhíonn i dteangacha eile.

- D'úsáidfí na modhanna teagaisc ba mhó a raibh rath orthu i dteangacha eile.

- Bheadh an tseirbhís faoi rún agus saor in aisce, thabharfaí cuidiú d'fhoghlaimeoirí agus chuirfí treoir orthu faoi bhealaí a bhféadfaidís dul chun cinn a dhéanamh.

- I measc na n-ábhar a mhúinfí bheadh cumarsáid (litearthacht agus teanga, uimhearthacht), cúrsaí i scileanna foghlama agus i scileanna pearsanta. Sula bhféadfaí a leithéid de chlár a chur ar bun sna ceantair Ghaeltachta, áfach, aithníodh gur ghá bunáiseanna traenála agus teagaisc a fhorbairt i nGaeilge.

- Cuireadh plean faoi bhráid na Roinne Oideachais agus Eolaíochta, inar léiríodh na cúiseanna a rabhthas le tabhairt faoi sheirbhís litearthachta sa Ghaeilge a sholáthar:
  – Gur fearr an toradh nuair a thosaítear leis an mháthairtheanga: an Ghaeilge, sa chás seo;
  – Go dteastaíonn bunscileanna litearthachta ina dteanga féin ó chainteoirí dúchais Gaeilge atá ina gcónaí sa Ghaeltacht le deiseanna oideachais, oiliúna agus fostaíochta a bhfuil léamh agus scríobh, chomh maith le labhairt na Gaeilge, riachtanach dóibh, a thapú.
  – Gur cheart cothrom na Féinne a thabhairt do chainteoirí dúchais Gaeilge, agus do theanga agus do chultúr na Gaeltachta.

Le tacaíocht ón Roinn Oideachais agus Eolaíochta, ón Phlean Forbartha Náisiúnta agus ón Aontas Eorpach, cuireadh áisíneacht ar bun a mbeadh sé de chúram uirthi acmhainní aosoideachais d'ardchaighdeán, idir chúrsaí traenála agus ábhar teagaisc, a fhorbairt do chainteoirí dúchais Gaeilge sa Ghaeltacht. *Breacadh* an t-ainm a tugadh ar an áisíneacht úr, agus tá sí á stiúradh ag coiste ionadaíochta de chuid na gCoistí Gairmoideachais agus na gComhlachtaí Páirtíochta sna Gaeltachtaí.

Socraíodh go gcuirfí béim faoi leith ar fhorbairt bunacmhainní oideachais (litearthacht, uimhearthacht, cumarsáid bhunúsach, scileanna foghlama agus scileanna pearsanta) ag an tús. Aithníodh san am céanna go bhfuil géarghá le hacmhainní Gaeilge san aosoideachas go ginearálta sa Ghaeltacht, agus táthar ag súil go gcuirfear le cúraimí *Breacadh* sa todhchaí.

LEAGAN AMACH CHÚRSA OILIÚNA NA DTEAGASCÓIRÍ

Ba é an chéad chéim ag *Breacadh* cúrsa traenála do theagascóirí deonacha a chur i dtoll a chéile. Is cúrsa tríocha uair an chloig é, bunaithe ar chúrsa Béarla a chuir Coiste Gairmoideachais Dhún na nGall le chéile. Cuireann Institiúid Teicneolaíochta Phort Láirge teastas ar fáil do na teagascóirí a dhéanann freastal ar an chúrsa sin, nuair a bhíonn 25 uair an chloig de theagasc duine le duine déanta acu.

Is teagascóirí deonacha atá i mbun fhormhór na ranganna duine le duine atá ar siúl ar fud na tíre. Íocann an Roinn Oideachais agus Eolaíochta as ranganna le grúpaí, ach ní íocann sí as seisiúin phríobháideacha. B'fhearr leis na Coistí Gairmoideachais bheith ag obair le grúpaí beaga ná ar bhonn príobháideach – ar go leor leor cúiseanna, sábháilteacht ina measc – ach ní hé sin an córas is fearr le foghlaimeoirí a mhealladh le cuidiú a lorg. Is minic, ar chúis amháin nó ar chúis eile, a bhíonn náire ar fhoghlaimeoirí faoina gcás, agus is é gealltanas na rúndachta agus na príobháideachta a spreagann iad le cuidiú a iarraidh. Gan amhras, beidh fadhbanna leis an tseirbhís Ghaeilge seo, go háirithe ar na hoileáin agus i nGaeltachtaí beaga cosúil le Ráth Cairn agus an Rinn, áit a mbeidh sé fíordheacair seirbhís phríobháideach faoi rún a sholáthar.

Maidir leis an dóigh a mealltar daoine le húsáid a bhaint as an tseirbhís, tá claonadh ann le tamall anuas i dtreo na 'Litearthachta Teaghlaigh' mar bhealach níos oscailte le cuidiú a chur ar fáil. Tá cuid mhór de na scéimeanna freisin a sheachnaíonn an focal 'litearthacht' ar fad, de bharr an stiogma a bhaineann léi. 'Ionad Foghlama Chonamara' atá baiste anois ar an áit ar a dtugtaí 'Ionad Litearthachta Chonamara', mar shampla.

Sa chéad chuid den chúrsa do theagascóirí déantar cur síos ar an rud is litearthacht ann, agus amharctar ar leibhéil idirnáisiúnta litearthachta. Amharctar ar na gnéithe sóisialta, cultúrtha agus polaitiúla is cúis le scileanna laga litearthachta a bheith ag daoine, agus déantar plé ar na tionchair a bhíonn ag deacrachtaí litearthachta ar shaol daoine. Déantar plé ar mhodhanna foghlama daoine fásta, agus ar ról agus ar dhualgais an teagascóra. Cuirtear béim faoi leith ar an éiteas ba cheart a bheith i rang le duine fásta atá ag foghlaim. Ar ndóigh, tá tábhacht an-mhór ag baint leis an chaidreamh idir foghlaimeoir agus teagascóir; mura bhfuil sé sin i gceart, ní bheidh rath ar aon iarracht, dá fheabhas í. Cuirtear béim mhór ar chúrsaí muiníne agus ar chúrsaí measa, go háirithe. Ní raibh mórán deacrachta ag baint leis an chuid ghinearálta sin den chúrsa Béarla a chur in oiriúint don Ghaeilge.

Fig. 10.1 Cúiseanna

FISICIÚLA	OIDEACHASÚLA
• éisteacht lag • radharc lag • deacrachtaí labhartha • tinneas ina (h)óige • deacrachtaí sonracha foghlama	• ranganna móra • drochmhúinteoireacht • easpa seirbhísí feabhais • smacht géar • drochthinreamh • sruthú
SÓISIALTA AGUS EACNAMAÍOCHTA • bochtanas • drochthithíocht • páiste tugtha as an scoil • easpa airgid d'ábhair scoile	TEAGHLAIGH • duine de chlann mhór • deacrachtaí i saol an teaghlaigh • ní raibh aird ag tuismitheoirí air/uirthi ina (h)óige • gan aon nós léitheoireachta

Fig. 10.2 Tionchair

DEARFACH	DIÚLTACH
• cuimhne mhaith • straitéisí déileála • scileanna breathnaithe níos géire • ábalta tabhairt faoi go leor tascanna maireachtála • stíleanna difriúla foghlama	• gnáthmhothúcháin teipe • meon diúltach i leith na scoile • easpa féinmhuiníne • aithisiú ag an tsochaí • stádas sóisialta íseal • deiseanna teoranta fostaíochta • easpa rannpháirtíochta

Baineann an dara cuid den chúrsa le scileanna teagaisc *i.e.* na modhanna múinte, agus briseadh síos na teanga leis an ghaol idir caint nádúrtha an fhoghlaimeora agus an focal scríofa a chur ina luí ar fhoghlaimeoirí. Ba dhúshlán i bhfad níos mó é an chuid seo den chúrsa a chur in oiriúint don Ghaeilge, agus níl ach céim eatramhach tógtha sa treo sin go fóill. Fuarthas comhairle ó roinnt saineolaithe teanga, ó Mháire Ní Chéilleachair agus ó Dhiarmuid Ó Sé, go háirithe, agus tá go leor ábhair ann le tús a chur ar an obair, ach is de réir a chéile nuair a thosóidh an teagasc, agus nuair a fhoghlaimeofar ó thaithí teagascóirí agus foghlaimeoirí araon, a thabharfar modhanna agus ábhar teagaisc chun foirfeachta.

Is réimse é seo nach bhfuil mórán sainstaidéir déanta air ar chor ar bith. Is beag taighde atá déanta ar scríobh agus ar léamh na Gaeilge a theagasc do chainteoirí dúchais Gaeilge ag leibhéal bunscoile nó meánscoile – gan trácht ar leibhéal a d'oirfeadh do dhaoine fásta. Mar is eol dúinn, is iad na modhanna céanna teagaisc, na téacsleabhair agus na háiseanna closamhairc céanna a úsáidtear i scoileanna Gaeltachta agus i scoileanna Galltachta – modhanna agus áiseanna atá dírithe ar mhúineadh na Gaeilge mar dhara teanga seachas ar scríobh agus léamh na Gaeilge a mhúineadh do chainteoirí dúchais. Dá mbeadh ábhar maith ar fáil faoi choinne lucht bunscoile agus meánscoile, d'fhéadfaí é a chur in oiriúint do dhaoine fásta. Tá sé ar cheann de shainrialacha theagasc na litearthachta do dhaoine fásta gur cheart ábhar atá ar chaighdeán cuí teanga don fhoghlaimeoir a úsáid, agus ábhar atá oiriúnach chomh maith ó thaobh spéise do dhaoine fásta. Is ceart bheith ag úsáid samplaí ar nós 'carr' seachas 'cat' agus an fhuaim [ka] á mhúineadh, agus moltar, seachas bheith ag bunú ceachtanna léitheoireachta ar leabhair do pháistí scoile, go ndéanfaí ábhar léitheoireachta a roghnú nó a chruthú a bheadh bunaithe ar spéiseanna, ar aois agus ar shaol an fhoghlaimeora.

Bunaítear ceachtanna freisin ar na comharthaí sóisialta a mbíonn teagmháil ag daoine leo go laethúil, ar fhoirmeacha bainc, ar fhoirmeacha iarratais agus a leithéid.

Dúshlán eile a bhain leis an chuid theangabhunaithe den chúrsa a chur in oiriúint don Ghaeilge ba ea áit an Chaighdeáin Oifigiúil agus áit na gcanúintí a aimsiú san ábhar foghlama. Is é an cleachtas idirnáisiúnta atá ann i dteagasc na litearthachta aosaí ceachtanna a bhunú, cuid mhaith, ar chaint nádúrtha an fhoghlaimeora – go háirithe ar an leibhéal litearthachta is ísle, mar a léiríonn Comhairle Ghairmoideachais Chathair Bhaile Átha Cliath:

> The vocabulary is also based on the language experience of Irish adults. Familiarity with the language used facilitates the development of important skills in reading *i.e.* prediction, word recognition …
> Perhaps more importantly it puts the student at ease with the material and removes one more barrier to the reading process.

> (2001: ii)

San ábhar a chuirfidh *Breacadh* ar fáil, mar sin, tá sé i gceist, ar Leibhéal 1 go háirithe, an t-ábhar léitheoireachta a bheith sa Chaighdeán Oifigiúil ach canúnach san am céanna. Is é sin le rá, beidh gnáthstór focal, gnáthchora cainte na gConallach san ábhar léitheoireachta a bheadh ag Conallach, agus dul na cainte s'acu air, cé go mbeidh an litriú caighdeánaithe. I samplaí Béarla de scríbhneoireacht foghlaimeoirí, mar shampla, feictear focail ar nós *'weanes'* (páistí beaga) ó fhoghlaimeoirí Conallacha, agus ar fhocail ar nós *'gaff'* (teach) agus *'jammers'* (carr) ó mhuintir Bhaile Átha Cliath.

Is léir, mar sin, i gcúrsaí litearthachta do dhaoine fásta go bhfuil an-bhéim ar an teagasc agus ar na hábhair theagaisc a bheith dírithe ar chaint, ar thaithí agus ar spéiseanna an fhoghlaimeora. Is ar an phrionsabal seo is mó a bhraitheann an tríú cuid den chúrsa traenála do theagascóirí, ina dtugtar treoir faoin dóigh le ceachtanna agus cláir foghlama a leagan amach, agus faoin dóigh le hábhar a chruthú. Ba cheart go mbeadh sé de phríomhaidhm ag teagascóir díriú, ar bhealach praiticiúil, ar riachtanais agus ar spriocanna an fhoghlaimeora i gcónaí, agus aird a thabhairt ar spéiseanna, ar aois agus ar shaol an fhoghlaimeora.

Sin, go hachomair, leagan amach an bhunchúrsa traenála do theagascóirí. Beidh an cúrsa sin á thabhairt chun foirfeachta ag *Breacadh* go ceann tamaill; níl ina bhfuil déanta go dtí seo ach céim eatramhach nó go dtosaítear ag foghlaim ó theagascóirí agus ó fhoghlaimeoirí araon.

AN RÓD SEO ROMHAINN

Cuireadh oiliúint ar na chéad teagascóirí deonacha i bhfómhar na bliana 2001. Dáréag ar fad a traenáladh, ina measc ionadaithe ó chúig cinn de na seacht réigiún Gaeltachta. Tá duine fásta amháin faoi chúram a bhformhór sin ó shin. I 2002-2003 reáchtáladh an cúrsa i gCill Airne agus i nGort an Choirce, agus tá cúrsa déanta ag 31 duine eile as an Rinn, Múscraí, Oileán Chléire, Uíbh Ráthach, Corca Dhuibhne agus Gaeltachtaí Thír Chonaill. Táthar ag déanamh go leor poiblíochta ó shin i leith ar an tseirbhís atá faoi rún agus saor in aisce, agus tá teagascóirí á gcur ar fáil do gach foghlaimeoir nua a thagann ag iarraidh cabhrach. Maidir le hábhar teagaisc agus le hábhar léitheoireachta, tá bóthar fada dúshlánach roimh *Breacadh*.

Tá liosta spriocanna ag *Breacadh* ó thaobh ábhair agus cúrsaí eile traenála a chur ar fáil do scéimeanna litearthachta na nGaeltachtaí. Is é an rud is mó a mbíonn deacracht leis ná teacht ar dhaoine leis an ábhar teagaisc a chur le chéile. Creidimid go mbeidh teacht againn ar mhaoiniú amach anseo le coimisiúnú a dhéanamh ar shaothair oiriúnacha, ach teastóidh taighdeoirí, teangeolaithe, teagascóirí, scríbhneoirí agus aistritheoirí uainn a mbeidh tuiscint acu ar an spriocghrúpa agus bá acu leo.

Seo thíos an cineál ábhair atá agus a bheidh á fhorbairt ag *Breacadh*:

- Scéim Foghraíochta a mbeidh cleachtaí agus cluichí bunaithe uirthi;
- Ábhar ar chúrsaí litrithe (trasnú anseo leis an scéim foghraíochta):
  - patrúin, rialacha úsáideacha agus araile do theagascóirí, agus cleachtaí agus bileoga saothair d'fhoghlaimeoirí;
- Ábhar praiticiúil a chuideodh le daoine i suímh éagsúla oibre: comharthaí sóisialta a léamh, cuntas a choinneáil, foirmeacha a líonadh, litreacha a scríobh, *curriculum vitae* a réiteach agus araile (Litearthacht san Áit Oibre);
- Bileoga saothair teanga ar ábhair éagsúla spéise (iascaireacht, feirmeoireacht, cócaireacht, tiomáint, ceol agus araile);
- Liostaí de na focail is coitianta a léifeadh nó a scríobhfadh daoine fásta go hiondúil. Tá clár ríomhaireachta deartha dó seo cheana féin ag Séamas Mac Conaonaigh ón Spidéal. Déanann an clár anailís ar théacsanna Gaeilge agus aimsíonn na focail is minice iontu, in ord a minicíochta. Tá ábhar clóscríofa á réiteach faoi láthair a ndéanfar anailís air leis na liostaí seo a leanas a ghineadh:

  - 300 focal is minice i nGaeilge labhartha Chúige Uladh;
  - 300 focal is minice i nGaeilge labhartha Chúige Mumhan;
  - 300 focal is minice i leabhair do pháistí / do dhéagóirí;
  - 300 focal is minice sna nuachtáin *Lá* agus *Foinse*.

Ach a mbeidh na liostaí seo ar fáil do theagascóirí, beidh siad ábalta díriú orthu le muinín a thabhairt d'fhoghlaimeoirí. Gan amhras, beidh an stór focal seo lárnach in ábhar ar bith a chruthaítear d'fhoghlaimeoirí fásta (is ionann na liostaí sin agus 50-70% de na focail a bheadh in aon phíosa scríbhneoireachta).

- Ábhar praiticiúil a chuideoidh le daoine ina saol laethúil: samplaí, ceachtanna agus bileoga saothair bunaithe ar fhoirmeacha a líonadh, ar litreacha a scríobh, ar scileanna bunuimhearthachta agus araile;

- Ábhar léitheoireachta ar leibhéil éagsúla atá fóirsteanach ó thaobh ábhair de do dhaoine fásta *i.e.* léitheoirí grádaithe. Bheadh bileoga saothair, bunaithe ar litriú, ar aithint focal, agus ar thuiscint sna leabhair seo.

- Ábhar litearthachta teaghlaigh (Litearthacht Teaghlaigh). Tá cúrsa Béarla curtha in oiriúint cheana féin do thuismitheoirí le páistí 0-6 bliain d'aois ag *Breacadh* don Ghaeilge.

- Foirmeacha, bróisiúir, bileoga, póstaeir agus comharthaí sóisialta a bhailiú le húsáid sna ranganna. *i.e.* ábhar praiticiúil a thugann dúshlán na bhfoghlaimeoirí ina saol laethúil agus ina saol oibre sa Ghaeltacht. Bileoga saothair le bunú orthu seo.

- Taighde a dhéanamh i leabharlanna faoi choinne leabhar nó tráchtas ollscoile a bheadh ina gcuidiú.

- Cúrsaí traenála agus inseirbhíse do theagascóirí – i gcúrsaí foghraíochta, litrithe, léitheoireachta, scríbhneoireachta, litearthachta teaghlaigh (modhanna, ábhair agus araile). Tá súil freisin cúrsaí 10-12 seachtain a fhorbairt agus a reáchtáil do ghrúpaí ina n-úsáidfí bileoga saothair go leor, mar shampla 'Cuidigh le do pháiste le Mata don Teastas Sóisearach', 'Scríobh agus Léamh na Nua-Ghaeilge' agus araile.

Sin, go hachomair, an sórt ábhair atá agus a bheidh á fhorbairt ag *Breacadh* agus an taighde agus na cúrsaí a bheidh á reáchtáil tríd an áisíneacht amach anseo. Is iad seo a leanas na torthaí a bhfuil *Breacadh* ag súil leo:

- Tacaíocht a thabhairt do gach Coiste Gairmoideachais a bhfuil réigiún Gaeltachta faoina chúram le seirbhís éifeachtach a sholáthar i réimse na litearthachta Gaeilge do dhaoine fásta.
- Tacaíocht a thabhairt do na Coistí Gairmoideachais ina dhiaidh sin le seirbhís iomlán aosoideachais a chur ar fáil trí Ghaeilge sna Gaeltachtaí.

Maidir le téama an tSiompóisiam lenar bhain an t-alt seo, má bhaineann *Breacadh* amach na spriocanna atá leagtha amach dó ó thaobh ábhair, agus traenáil d'ardchaighdeán a chur ar fáil do scéimeanna litearthachta na gCoistí Gairmoideachais, ba cheart go gcuirfeadh sé sin ar chumas na gCoistí Gairmoideachais sna Gaeltachtaí seirbhís litearthachta d'ardchaighdeán a chur ar fáil do chainteoirí dúchais Gaeilge, agus go mbeadh dea-thionchar ag an tseirbhís sin ar chúrsaí léitheoireachta de réir a chéile.

TUARASCÁLACHA

Comhairle Ghairmoideachais Chathair Bhaile Átha Cliath (2001). *It Could Be You, Basic Skills Pack for Adults.* Baile Átha Cliath.

Eagraíocht um Chomhar agus Fhorbairt Eacnamaíochta, An (1997). *Literacy Skills for the Knowledge Society.* Ceanada.

Roinn Oideachais agus Eolaíochta, An (2000). *Páipéar Bán ar an Oideachas Aosach – Foghlaim ar feadh an tSaoil.* Baile Átha Cliath.

AGUISÍNÍ

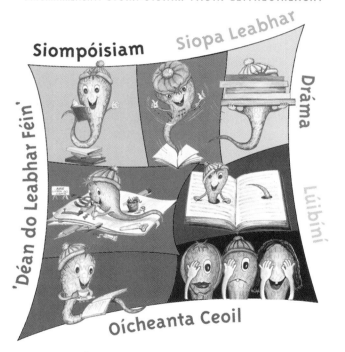

1. Póstaer na Fleá Leabhar agus Léitheoireachta.

I

Tuairisc ar an Fhleá Leabhar agus Léitheoireachta

Ba í an Fhleá Leabhar agus Léitheoireachta a reáchtáladh i mí an Mhárta 2002 an chéad imeacht cuimsitheach dá leithéid in Éirinn, i mBéarla ná i nGaeilge.

Tosaíodh ag eagrú na Fleá ag tús mhí Eanáir 2002.   Bhí an phríomhurraíocht cinntithe ó bhí roimh Nollaig 2001 ann, ó Fhoras na Gaeilge agus ó Údarás na Gaeltachta/An Chomhairle Ealaíon. Reáchtáladh an Fhleá ar an Aoine agus ar an Satharn, 8 agus 9 Márta. Róisín Ní Mhianáin a bhí ina Stiúrthóir agus ina Comhordaitheoir Imeachtaí, Poiblíochta agus Urraíochta ar an Fhleá. Ar bhonn deonach a d'eagraigh sí í.

Ba iad aidhmeanna na Fleá Leabhar agus Léitheoireachta, go hachomair:

- Siompóisiam faoin Léitheoireacht a eagrú agus na himeachtaí a fhoilsiú le cuid den bhearna sa taighde faoin léitheoireacht agus faoin litearthacht i nGaeilge a líonadh;
- Ceiliúradh a dhéanamh ar an réimse leathan leabhar Gaeilge atá i gcló cheana féin;
- Réimse an-fhairsing de na leabhair sin a chur ar fáil don phobal i Siopa Leabhar na Fleá ar feadh dhá lá;
- An léitheoireacht mar chaitheamh aimsire taitneamhach a léiriú (mar a dhéantar ar Lá Domhanda na Leabhar srl.).

Cuireadh an méid sin in iúl go soiléir sa phoiblíocht ar fad a rinneadh ar an ócáid.

2. Oscailt oifigiúil an tSiompóisiam. An Dr Caoilfhionn Nic Pháidín, FIONTAR, Ollscoil Chathair Bhaile Átha Cliath agus an Dr Gearóid Denvir, Ollscoil na hÉireann, Gaillimh.

(grianghraf: Mike Shaughnessy)

AN SIOMPÓISIAM FAOIN LÉITHEOIREACHT

Ba é an Siompóisiam faoin Léitheoireacht i nGaeilge, a raibh painéal cainteoirí rannpháirteach ann ó gach réimse de shaol na foilsitheoireachta agus de shaol an oideachais, cnámh droma na Fleá. In áit ócáid acadúil amach is amach a dhéanamh as, áfach, eagraíodh imeachtaí breise thart ar an Siompóisiam leis an ghnáthphobal a mhealladh chuige agus tugadh Fleá Leabhar agus Léitheoireachta ar na himeachtaí ar fad le chéile.

Pléadh na hábhair seo a leanas i gcúig sheisiún an tSiompóisiam:

- An léitheoireacht sa Ghaeltacht;
- Margaíocht leabhar Gaeilge;
- Litearthacht agus léitheoireacht;
- An léitheoireacht i measc déagóirí;
- Na meáin chlóite Ghaeilge.

Bhí sé mar sprioc ag an Siompóisiam daoine ar spéis leo an léitheoireacht a thabhairt le chéile, deis a thabhairt dóibh éisteacht le saineolaithe ag déanamh scansála ar cheisteanna a bhaineann leis an léitheoireacht agus leis an litearthacht agus díospóireacht a chothú faoi na hábhair sin. Bhí sé mar aidhm aige chomh maith an pobal a chur ar an eolas faoina laghad léitheoireachta atáthar a dhéanamh, ainneoin scoth na leabhar a bheith á soláthar ag foilsitheoirí sna réimsí spéise éagsúla.

AN SIOPA LEABHAR

Socraíodh rogha neamhghnách leabhar a chur ar fáil sa Siopa Leabhar. Bhí gach leabhar do dhéagóirí atá ar fáil i gcló ann mar aon le gach leabhar do dhaoine fásta agus do pháistí a foilsíodh idir 2000 agus 2002.

3. Lúibín (sa lár) ag léamh scéil do pháistí Naíonra Chois Fharraige, 7 Márta 2002.

Ó chlé: Caoimhe Ní Chonghaile, Daragh Perry, Ryan Ó Máille, Jenny Ní Choncheanainn, Caoilfhionn Ní Chomhghain, Cormac Perry, Emma Ní Choistealbha, Áine Breathnach (a cúl leis an cheamara), Tomás Ó Tuathail, Tadhg Óg Mac Dhonnagáin, Saoirse Ní Ghríofa Breathnach, Sinéad Ní Mhaoláin agus Caoimhe Ní Choistealbha.

(grianghraf: Mike Shaughnessy)

Tháinig daoine as gach áit ar fud Chontae na Gaillimhe chuig an siopa. Léirigh an líon leabhar a díoladh (luach €4000) gur éirigh leis an dianphoiblíocht a rinneadh ar an Siopa Leabhar roimh ré.

Bhí seastáin ag comhlachtaí foilsitheoireachta éagsúla le taobh an tSiopa Leabhar ag an Fhleá chomh maith. Fuair múinteoirí Chonamara deis den chéad uair samplaí d'fhoilseacháin an Áisaonaid Lán-Ghaeilge i gColáiste Ollscoile Naomh Muire, Béal Feirste, a cheannach, mar shampla. Táthar ag baint úsáide as na leabhair sin i scoileanna ar fud Chonamara ó shin.

IMEACHTAÍ DO PHÁISTÍ

Cruthaíodh cara úr do léitheoirí óga Chonamara don Fhleá Leabhar ar ar tugadh 'Lúibín' (féach grianghraif 1, 3, 5 agus clúdach an leabhair seo). Péist leabhar ocht dtroithe ar airde a bhí ann. Cuireadh de chúram air na páistí a mhealladh chun na Fleá go bhfeicfidís an rogha iontach leabhar atá ar fáil dóibh. Seachtain sular thug sé cuairt ar bhunscoileanna an Spidéil agus Indreabháin seoladh líníochtaí móra de Lúibín le dathú chuig daltaí na scoileanna sin. Nuair a chuaigh Lúibín ar a thuras thart orthu maidin Dé hAoine (8 Márta) bhronn sé dearbhán leabhar €2 ar gach páiste.

Chuaigh an draíocht agus an diabhlaíocht a bhain le carachtar Lúibín i bhfeidhm go mór ar na páistí (gan trácht ar na daoine fásta!). Cruthúnas ar a fheabhas a d'éirigh le Lúibín is ea gur malartaíodh trí chéad de na dearbháin leabhar sin sa Siopa Leabhar; is ionann sin is a rá gur thug trí chéad dalta bunscoile, ar a laghad, cuairt ar an Siopa Leabhar le tuismitheoir dá gcuid.

Bhí imeachtaí eile do pháistí ar bun le linn na Fleá chomh maith. Reáchtáladh ceardlanna i Leabharlann an Spidéil inar tugadh deis do

4. An scríbhneoir Joe Steve Ó Neachtain ag tabhairt a léachta
   ag an Siompóisiam faoin Léitheoireacht, 8 Márta 2002.

(grianghraf: Seosamh Ó Giobúin)

pháistí a gcuid leabhar féin a dhéanamh, agus eagraíodh seisiúin léitheoireachta do pháistí óga ansin ar an Satharn chomh maith.

IMEACHTAÍ DO DHÉAGÓIRÍ

Bhí cuid d'imeachtaí na Fleá Leabhar agus Léitheoireachta dírithe go sonrach ar dhéagóirí. Ar maidin Dé hAoine (8 Márta) thug na filí Biddy Jenkinson, Joe Steve Ó Neachtain, Celia de Fréine agus Jackie Mac Donncha cuairt ar Choláiste Chroí Mhuire ar an Spidéal agus ar Choláiste Cholm Cille in Indreabhán ag léamh a saothair do na daltaí.

Reáchtáladh ceardlanna faoin chineál irisí agus leabhar a léann déagóirí ar an Satharn agus bhí seisiún amháin cainteanna sa Siompóisiam faoin Léitheoireacht ar an Satharn a bhí dírithe go sonrach ar an léitheoireacht i measc déagóirí. Tá tuairisc ar na ceardlanna do dhéagóirí in Aguisín II. Oíche Shathairn (9 Márta) seoladh an leabhar do dhéagóirí ab úire ar an mhargadh – *Sách Sean*, gearrscéalta as an Bhreatain Bheag aistrithe ag Micheál Ó Conghaile.

SIAMSAÍOCHT

Cuireadh siamsaíocht ar fáil don phobal le linn na Fleá le hoícheanta ceoil agus leis an dráma *Mise, Subhó agus Maccó* le Biddy Jenkinson a léirigh Aisteoirí an Spidéil.

URRAÍ

Mar atá ráite thuas ba iad Foras na Gaeilge agus Údarás na Gaeltachta/An Chomhairle Ealaíon príomhurraí na Fleá Leabhar agus Léitheoireachta. Thacaigh na heagraíochtaí seo a leanas leis an ócáid chomh maith: Iontaobhas Ultach, Áras na Scríbhneoirí agus FIONTAR, Ollscoil Chathair Bhaile Átha Cliath. Tá an-bhuíochas tuillte acu ar fad. Ní raibh sé ar chumas Bhord na Leabhar Gaeilge aon tacaíocht a thabhairt don ócáid.

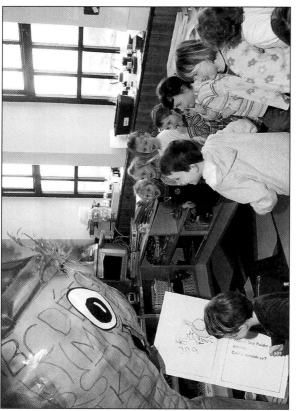

5. Lúibín ag taispeáint a leabhair do Chormac Perry
i Naíonra Chois Fharraige.

Ag breathnú ar Lúibín, ó chlé: Caoilfhionn Ní Chomhghain, Jenny Ní Choncheanainn, Saoirse Ní Ghríofa
Breathnach, Tadhg Óg Mac Dhonnagáin, Caoimhe Ní Choistealbha, Sinéad Ní Mhaoláin agus Emma Ní
Choistealbha. Sa lár: Ryan Ó Máille.

(grianghraf: Mike Shaughnessy)

TORTHAÍ

Ócáid thaitneamhach ilghnéitheach don phobal a bhí sa Fhleá Leabhar agus Léitheoireachta, ainneoin an príomhimeacht a bheith measartha trom ó thaobh ábhair. Cuireadh daoine ar an eolas faoi na fadhbanna atá ann le cúrsaí léitheoireachta agus cothaíodh go leor díospóireachta faoin ábhar sin sna meáin.

Is fiú a lua go raibh Tom Kenny ó Shiopa Leabhar Uí Chionnaith, atá ag plé le leabhair ó rugadh é, beagnach, chomh tógtha sin leis an rogha leabhar a bhí ar díol sa Siopa Leabhar le linn na Fleá Leabhar agus Léitheoireachta gur shocraigh sé fleá leabhar Gaeilge a reáchtáil i Siopa Uí Chionnaith an tseachtain roimh an Nollaig 2002.

NÓTA BUÍOCHAIS ÓN STIÚRTHÓIR

Cuirim mo bhuíochas in iúl do gach duine agus do gach eagraíocht a thacaigh leis an bhFleá Leabhar agus leis an Siompóisiam. Luaim iad seo a leanas, go háirithe: cathaoirligh na seisiún – Gearóid Denvir, Donla Uí Bhraonáin, Pól Mac Fheilimidh, Pádraig Ó Mianáin agus John Walsh; buíochas ar leith le meitheal Lúibín, Máire Aoibhinn Ní Ógáin agus Seán Ó Flaithearta; Deirdre Davitt, Pádraig Ó hAoláin agus Micheál Ó Fearraigh; Gearalt Ó Mianáin, Séamas Ó Murchú, Caitríona Ní Bhaoill agus Deirdre Ní Thuathail nár bheo mo bheo gan a gcuidiú; na filí a thug cuairt ar na meánscoileanna áitiúla; Máire Uí Bhaoill, Alex Hijmans agus Róisín Ní Ghairbhí; múinteoirí bhunscoileanna agus mheánscoileanna Chois Fharraige agus a gcuid daltaí; Cló Iar-Chonnachta; Naíonra Chois Fharraige; Leabharlann an Spidéil; Aisteoirí an Spidéil; Lisa McDonagh; Tom Hunter; Mike Shaughnessy; Seosamh Ó Giobúin; agus cainteoirí eile an tSiompóisiam – Pádraig Ó Flatharta, Tom Kenny, Louis de Paor, Éamonn Ó Dónaill, Úna Ní Chonchúir agus Robert McMillen.

6. Máire Treasa Ní Dhúill agus Dónall Ó Héalaí (ar chlé), leis an iriseoir
Alex Hijmans, le linn na ceardlainne léitheoireachta do dhéagóirí.

(grianghraf: Seosamh Ó Giobúin)

II

Tuairisc ar na Ceardlanna Léitheoireachta
do Dhéagóirí

Reáchtáladh ceardlanna léitheoireachta do dhéagóirí le linn na Fleá Leabhar san ionad céanna ina raibh an Siompóisiam faoin Léitheoireacht ar siúl. Ar maidin a reáchtáladh é le deis a thabhairt do na déagóirí freastal ar sheisiún iarnóin an tSiompóisiam, a bhí dírithe ar chúrsaí léitheoireachta i measc déagóirí. Seo a leanas achoimre ar an eolas a chuir Alex Hijmans, Róisín Ní Ghairbhí agus Máire Uí Bhaoill, stiúrthóirí na gceardlann, ar fáil. Meascán leaideanna agus cailíní óga (idir 13-16 bliana d'aois) as Cois Fharraige agus as Doire a d'fhreastail ar na ceardlanna.

CUID 1: IRISÍ GAEILGE DO DHÉAGÓIRÍ

Alex Hijmans, iriseoir, a bhí i mbun na ceardlainne seo. Bhí sé de sprioc ag an cheardlann an t-eolas seo a leanas a fháil:

i)   Cad iad na hirisí agus na nuachtáin a léann déagóirí?
ii) Cad iad na hábhair a bhfuil spéis acu iontu?
iii) Cad é a mheasann siad de na meáin chlóite Ghaeilge?

NA HIRISÍ AGUS NA NUACHTÁIN A LÉANN DÉAGÓIRÍ

Ní raibh sé de nós ag na déagóirí sa ghrúpa mórán irisí a léamh go rialta i dteanga ar bith. Bhí síntiús ag duine acu le *Hogan Stand*. Luaigh cuid acu gur léigh siad na hirisí seo a leanas anois is arís: *Irish Music Magazine*, *Celtic View*, *Hot Press* agus *Playstation Magazine*. Níor thaitin irisí ar nós *Just 17* agus *Bliss* leo. Is nós leo nuachtán a léamh uair amháin sa tseachtain, ar a laghad, leithéidí *The Irish Times, Foinse, Lá, The Irish News* agus *The Derry Journal*. Ar an idirlíon is mó a fhaigheann siad cibé eolas a bhíonn de dhíth orthu de bhrí go bhfuil sé níos saoire agus 'níos suas chun dáta'. Luaigh siad suíomh ireland.com go háirithe. Níor chuala ceachtar acu faoi shuíomh beo.ie.

NA HÁBHAIR SPÉISE A BHÍONN AG DÉAGÓIRÍ

Iarradh ar na déagóirí iris shamplach a chur le chéile trí shleachta cló agus grianghraif a roghnú agus a ghearradh as irisí agus as nuachtáin a bhí ag an stiúrthóir agus iad a ghreamú ar pháipéar bán. Iarradh orthu a mhíniú cad chuige ar roghnaigh siad ailt nó grianghraif éagsúla thar a chéile.

Roghnaigh siad réimse an-leathan ábhar don iris:

- go leor alt spóirt agus ceoil;
- léirmheasanna ar scannáin;
- liosta imeachtaí ceoil, amharclainne agus scannán;
- dhá alt a bhain leis an sobaldráma Astrálach *Home and Away*;
- na réaltaí;
- grianghraif de réaltaí teilifíse ag súgradh ar an trá gan mórán éadaí orthu;
- alt faoi chúrsaí reatha a bhain le ceist an chiníochais in Éirinn.

Ní raibh siad cinnte an gceannóidís a leithéid d'iris dá mbeadh sí ar fáil, áfach.

TUAIRIMÍ NA NDÉAGÓIRÍ FAOI NA FOILSEACHÁIN GHAEILGE

Foinse agus *Lá* is mó a bhí feicthe acu de bhrí go mbíonn siad ag a muintir nó ar scoil. Bhí an-mheas acu ar léirmheastóireacht scannán

Foinse ach ní raibh mórán measa acu ar na hailt spóirt sa pháipéar sin. Luaigh siad nach bhfuil an teanga sna nuachtáin sin ródheacair. Chuir a bhformhór spéis i gcrosfhocal *Foinse*. Níor chuala siad riamh faoi *Comhar, An tUltach* ná *Feasta*.

Luaigh na déagóirí as Conamara na hirisí do dhéagóirí *Splanc* agus *Spleodar* ach ní raibh meas dá laghad acu orthu mar irisí. Sa phlé ghinearálta a rinneadh ar fhoilseacháin do dhaoine óga, dúradh nach dtaitníonn 'iriseoireacht do dhaoine óga' i nGaeilge leo toisc gur daoine fásta a shíleann go bhfuil a fhios acu cad é a thaitníonn le déagóirí a bhíonn ag scríobh iontu de ghnáth.

Luaigh an stiúrthóir go raibh sé suntasach go raibh spéis ag ceathrar sa ghrúpa i gceird na hiriseoireachta mar shlí bheatha. Ní raibh aon drogall ar na déagóirí a dtuairimí a chur in iúl, dar leis, agus dúirt sé gur bhain sé féin agus na déagóirí ar fad an-sult as an cheardlann.

CUID 2: LEABHAIR GHAEILGE DO DHÉAGÓIRÍ

Máire Uí Bhaoill, múinteoir Gaeilge i meánscoil Bhéarla i mBaile Átha Cliath, agus Róisín Ní Ghairbhí, mac léinn iarchéime in Ollscoil na hÉireann, Gaillimh a bhí i mbun na ceardlainne seo.

Nuair a thosaigh an cheardlann seo bhí cúpla scríbhneoir a bhfuil leabhair do dhéagóirí foilsithe acu i láthair. Bhí easaontas agus teannas ann idir na scríbhneoirí agus na déagóirí. De bhrí go raibh leisce ar na hógánaigh labhairt amach go neamhbhalbh os comhair na scríbhneoirí socraíodh go mbeadh seisiún gairid ann ag deireadh na ceardlainne ina mbeadh cead cainte acu ar fad le chéile. Luaigh na stiúrthóirí go raibh an oiread sin tuairimí ag cuid de na déagóirí faoi na leabhair a bhraith siad a bhíothas a sholáthar dóibhsean, mar dhea, gur dheacair iad a stad ag caint – a luaithe a bhí na scríbhneoirí ruaigthe as an seomra.

Bhí duine amháin as Doire sa cheardlann a bhí an-díograiseach agus a raibh réimse an-leathan leabhar Gaeilge léite aige. Bhí dream na Gaeltachta i bhfad níos diúltaí faoi na leabhair do dhaoine óga ná mar a bhí muintir Dhoire.

Bhí sé mar aidhm ag an cheardlann seo barúil na ndéagóirí a fháil faoin litríocht Ghaeilge do dhéagóirí atá ar fáil agus faoi scríbhneoirí na leabhar sin, agus eolas faoin chineál leabhar ba mhaith leo a bheith ar fáil dóibh i nGaeilge.

Rinneadh dhá ghrúpa de na déagóirí, meascán de lucht Gaeltachta agus de lucht cathrach sa bheirt acu. Tharraing siad pictiúr pinn den ghnáthscríbhneoir Gaeilge mar a chonacthas dóibhsean é nó í (féach thall).

Go bunúsach, fear atá scartha amach ón ghnáthshaol (gan trácht ar an ghnáthfhaisean!) agus ó shaol na ndéagóirí féin, a léirigh siad. Bhraith na déagóirí go mbíonn na scríbhneoirí ag caint anuas leo faoi ábhair a shamhlaíonn siad siúd a bheith bainteach le gnáthshaol déagóra, ach nach raibh spéis dá laghad ag déagóirí iontu i ndáiríre. 'Níl tada ann ach scéalta faoi dhrugaí,' a dúirt siad.

Ar an lámh eile, bhí an-spéis acu in *Jimín*. Luaigh an t-iomlán acu gur leabhair ghrinn a theastaigh uathu … *Adrian Mole* na Gaeltachta. Mhol na déagóirí a bhí ag freastal ar Choláiste Cholm Cille in Indreabhán scéalta a scríobh duine óna scoil féin faoin áit agus faoi dhaoine áitiúla. Bhí an-ómós ag dream Chois Fharraige do chumas teanga na seandaoine áitiúla (b'fhearr leo na seandaoine ar *Ros na Rún* ná na carachtair óga, mar shampla) agus thuig siad nach raibh an leibhéal céanna saibhris acu féin inti. Léirigh déagóirí Chois Fharraige drochmheas ar 'Ghaeilge na Leabhar', cé nár chuir sin as do mhuintir Dhoire.

Fig. II.1

Scríbhneoir Gaeilge 1

Ainm: Seán Ó Néill
(*An fáth ar thosaigh sé ar an scríbhneoireacht*): Tá sé i lár *midlife crisis.*

Tréithe ginearálta: Tá sé maol.
Tá sé beo bocht.
Caitheann sé cuaráin agus stocaí bána.
Ní ólann sé – ball de Chumann na Réadóirí.
Ólann sé *tonic water with lime extract.*
Imríonn sé ficheall.
Tá sé 36 bliain d'aois.
Bhí sé ina chónaí sa Daingean.
Caitheann sé geansaithe stríocacha.
Scríobh sé i nGearmáinis agus i mBéarla ach ní raibh aon mhaith leo.
Níl sé sásta mar dhuine.
Ag fáil teiripe le dhá bhliain.
Is feighlí é ar mheánscoil.

Fig. II.2

Scríbhneoir Gaeilge 2

Ainm: Seosamh Ó Dochartaigh

Tréithe ginearálta: D'fhág a bhean é.
Caitheann sé cultacha éadaigh liath.
Caitheann sé píopa. Ní fios cad atá istigh sa phíopa céanna.
As Maigh Eo é.
Ball de Weight Watchers.
Caitheann sé stocaí stríocacha.
Go leor ama saor – Ollamh Ollscoile.
Níl sé sásta.

Dúirt na stiúrthóirí, ainneoin a bhfuil ráite thuas, nárbh ionann dearcadh na ndéagóirí agus iad ag caint go ginearálta faoi scríbhneoirí agus a dtaithí féin nuair a ceistíodh go mion iad fúthu. Luaigh siad go raibh eolas acu ar na scríbhneoirí seo a leanas: Maidhc Dainín Ó Sé, Biddy Jenkinson, Máire Holmes, Ré Ó Laighléis, Louis de Paor, Brian Ó Baoill, Cathal Ó Searcaigh (agus Joe Steve Ó Neachtain, Micheál Ó Conghaile agus Greg Ó Braonáin ag muintir Chois Fharraige). Bhí siad an-dearfach faoi chuairteanna a thug scríbhneoirí ar an scoil. Dúirt siad gur bhreá leo tuilleadh den teagmháil phearsanta sin.

Luaigh stiúrthóirí na ceardlainne go sonrach gur léir bearna idir na scríbhneoirí a bhí ag maíomh go raibh gá le 'nua-aoiseachas' agus ag rá go raibh 'deireadh le ré an asail is na cairte' agus na déagóirí a raibh an-ómós acu do Ghaeilge na seandaoine áitiúla agus ardmholadh acu dá gcara féin a scríobh scéal faoi mhadra a raibh trí chos faoi!

Rinneadh beagán plé ag deireadh na ceardlainne ar chúrsaí margaíochta ó thaobh cuma na leabhar srl. Bhí leabhair do dhéagóirí ag na stiúrthóirí agus pléadh iad sin. Mheas na déagóirí go raibh an leabhar *Olé Olé* róchosúil le leabhar scoile ach bhí siad tógtha le *An Sclábhaí*. Luaigh siad go mb'fhéidir go spreagfadh comórtais léirmheasa ar TG4, nó a leithéid, iad le tuilleadh spéise a chur sa léitheoireacht. Bhí siad ar fad ar aon intinn gur deacair teacht ar leabhair Ghaeilge i siopaí leabhar agus nach mbíonn daoine ar an eolas fúthu.